"FÜNFSE(h)ENLAND"

Geschichten aus der Heimat
für junge und jung gebliebene Menschen

Uli Singer Verlag
Landsberger Straße 37
82205 Gilching
Telefon 08105-26538
www.blickpunkt-5seenland.de

Uli Singer
„FÜNFSE(h)ENLAND"

©Uli Singer - All rights reserved
Cover: **Monika Roming**, Herrsching
Lektorat: Renate Richter
Fotos/Karikaturen:
Uli Singer, Andrea Jaksch, Horst Wendland,
Stefan von Jena-Schuhbauer, WOSE, Christiane Reiner, Dr. Dirk Ippen, Marcus Schlaf

1. Auflage 2020
ISBN 978-3-98-206683-7

singer@singer-online.de
www.pollyTour.de
www.uli-singer.de

Heimat mal so und mal so…

Also, das vorliegende Buch mit dem Thema Heimat ist inmitten der Corona-Pandemie entstanden. War eigentlich nicht so gedacht, ließ sich aber nicht ändern. Trotz diverser hygienischer Auflagen hat es dennoch ganz viel Spaß gemacht, Interviews zu führen und auf Spurensuche zu gehen. Wisst Ihr eigentlich, wie viele schöne, interessante, lustige, aber auch traurige Geschichten täglich um uns herum so passieren? Man erlebt sie aber nur, wenn man mit offenen Augen und gut geputzten Ohren durch den Tag spaziert. Ich mache das. Egal, ob ich Gassi gehe, mich auf einen Einkaufsbummel einlasse oder im Wald nach meinen Krähen Ausschau halte.

So war ich schon als Kind. Ich hatte ja das Glück, in einem Zoo-Laden im Münchner Stadtteil Untergiesing aufzuwachsen. Auch wenn das Geschäft meiner Eltern für mich viel Arbeit bedeutete, unsere Viecherl mussten an sieben Tagen in der Woche – also auch am Wochenende - sauber gemacht und gefüttert werden, hatte ich viel Freude am Umgang mit unseren Hamstern, Papageien, weißen Ratten, Mäusen, Wellensittichen, Fischen, Meerschweinchen, Schildkröten und sonstigen Getier. Gut, heute sind Zoo-Läden, in denen Tiere in Käfigen gehalten werden, nicht mehr wünschenswert. Aber damals, als ich noch ein Kind war, dachte sich niemand etwas dabei. Bei uns hatten sie es auch relativ gut, durften mit ins Bett und wurden – bis auf die Fische - stundenlang gestreichelt. Ob aber unsere zahme Wasserschildkröte Ferdinand deshalb glücklicher war, ich weiß es nicht. Jedenfalls denke ich oft zurück an meine Kindheit und würde schon sagen, dass damals „Untergiasing" und der Zoo-Laden an der Humboldtstraße meine Heimat waren.

Ähnliche Erinnerungen, schöne und auch weniger schöne, haben mit Sicherheit alle Menschen. Auf den kommenden Seiten werde ich interessante Persönlichkeiten vorstellen, die unter anderem freimütig über ihre Kindheitserinnerungen und Kindheitsträume plauderten. Garniert mit Gschichtln, die, wie auch Kindheitserinnerungen, nicht in Vergessenheit geraten sollten. Bestenfalls aber sollen die Erzählungen Anregung sein, an Träumen bis zuletzt festzuhalten und ihre Erfüllung zuzulassen.

In diesem Sinne – viel Spaß

Uli Singer

Heimat und Heimatgefühle
Von Jürgen Kirner

Jeder braucht in seinem Leben einen Ankerplatz, eine vertraute Anlegestelle. Zugehörig sein, Heimat haben, ist vor allem für Kinder von unschätzbarem Wert. Es hilft ihnen dabei, Stabilität und Persönlichkeit zu entwickeln. Sich in  vertrauter Umgebung wohl zu fühlen und heimatliche Geborgenheit zu erleben, verwurzelt zu sein, ist für Heranwachsende ein elementares Grundbedürfnis.

Für jeden kann Heimat aber etwas anderes bedeuten. Manche denken dabei an einen bestimmten Ort, andere wiederum an eine ganze Region – Uli Singer beispielsweise an das Fünfseenland. Wie aber entsteht Heimat? Und was verbindet man mit ihr? Wie entwickelt man ein Heimatgefühl? In erster Linie sind es die vertrauten Menschen, die anheimelnde Landschaft, die bekannten Gerüche und ganz besondere Geschichten. Erzählungen, die die Heimat widerspiegeln.

Kindheitserinnerungen, erdachte und zu Papier gebrachte heimatliche Episoden voller Spaß, Vergnügen, Spannung und allerbester Unterhaltung. Uli Singer lässt die einzigartige Umgebung rund um die fünf Seen, die unverwechselbaren Typen und die vielfältigen Orte in ihrem Heimatbuch für Kinder, Jugendliche aber auch Erwachsene auf ganz unverwechselbare Weise lebendig werden.

Es ist ein außerordentliches Vergnügen darin einzutauchen, zu schmökern und dieses weltberühmte Fleckerl Bayern neu zu entdecken. Heimat die ist nicht einfach da. Heimat muss man mitgestalten. Uli Singer hat das getan und wird es auch weiterhin tun. Auf den Nenner gebracht, ein wunderbares Buch für junge und jung gebliebene Menschen. Viel Spaß beim Schmökern...

Wer ist aber nun dieser Jürgen Kirner?
Zum einen ist er einer der liebenswertesten Menschen, die ich kenne. Dann ist er Sänger, Schauspieler, Humorist, Journalist und Gründer der Couplet AG. Als Conférencier führt er außerdem durchs Programm im Zelt der Schönheitskönigin auf der „Oidn Wiesn" in München – wenn auch die Wiesn heuer leider ausfallen muss. Und weil der Oberfranke eine ganz besondere Liebe zu München pflegt, schlüpft er auch hin und wieder in die Rolle des

„Münchner Kindls". Er hat übrigens die alte Tradition des Couplets singen wieder zum Leben erweckt. Ach ja, Couplet kommt aus dem Französischen und bezeichnet ein witziges Lied mit mehreren Strophen, bei dem die Politik oder die Menschen allgemein aufs Korn genommen werden. Und das versteht der Jürgen hervorragend. Ohne Zweifel, Jürgen Kirner macht durch seine nicht enden wollenden Ideen und aberwitzigen Aktionen die Welt einfach ein bißerl freundlicher und deshalb auch liebens- und lebenswerter.

Ein Pfundsweib im Boot und auf dem Heiligen Berg
Landtagspräsidentin Ilse Aigner überall zuhause

Und nun zu Ilse Aigner, die zusammen mit Jürgen Kirner die Patenschaft für unser Buch übernommen hat. Kinder, ich sag's Euch, ganz ehrlich und Hand aufs Herz. Die Ilse ist a Pfundsweib. Nicht, weil sie zu viele Pfunde auf den Rippen hat. Nein, hat sie nicht, vielmehr könnte man mit ihr Pferde stehlen. Tut man nicht, ist ja verboten. Aber könnte man. Zu solch' tollen Frauen sagt man halt Pfundsweib. Man sagt ja auch, Pfundskerl, wenn es ein Mann ist, den man rundum super findet.
Also, die Ilse Aigner ist eigentlich Politikerin. Eine ganz eine nette, aber auch resolute, wenn sie ihre Meinung vertreten muss. Kein Weichei. Hihi! Zurzeit ist sie Landtagspräsidentin und sie kümmert sich darum, dass die bayerischen Abgeordneten im Landtag oberhalb der Isar nicht zu sehr aus der

Reihe tanzen. Oft sind Politiker nämlich wie kleine Kinder. Sie streiten sich wegen jeder Kleinigkeit. Und da kann die Ilse dann, wenn es zu arg wird, schon mal mit der Faust auf den Tisch hauen und für Ruhe sorgen. So denk' ich mir das einfach.

Dabei könnt' ich mir die Ilse auch aus Astronautin vorstellen oder als Kabarettistin, weil sie oft zusammen mit dem Jürgen Kirner auf der Bühne steht,  mit ihm singt oder auch sonst für jede Schandtat bereit ist. Und Astronautin deshalb, weil sie nach der Mittleren Reife anno 1985 die Gesellenprüfung zur Radio- und Fernsehtechnikerin abgelegt hat und nach 14 Jahren Praxis im elterlichen Elektrohandwerksbetrieb im oberbayerischen Feldkirchen-Westerham zudem eine Fachausbildung als staatlich geprüfte Technikerin für Elektrotechnik machte. Und was machte die Ilse aus ihrem Talent? Zum einen entwickelte sie bei der Eurocopter Group Elektroteile für Hubschrauber, andererseits aber verfolgte sie, nachdem sie in die große Politik eingestiegen war, jede interessante Entwicklung in den Forschungsinstituten beim Deutschen Zentrum für Luft- und Raumfahrt (DLR) in Oberpfaffenhofen. ... und da kam es dann zu einer tollen Begegnung.

Man schrieb den 4. Mai 2000, als die Crew des Space-Shuttles Endeavour als Gast des DLR zu Besuch kamen und unbedingt auch das Kloster Andechs kennen lernen wollte. Ja, und ich durfte diese illustre Gesellschaft begleiten.

Bisher hatten die Astronauten auf das berühmte Kloster lediglich aus dem  All einen Blick darauf werfen können. Nun saßen sie in Begleitung von Ilse Aigner, sie war damals Berliner CSU-Bundestagsabgeordnete, dem früheren Landrat Heinrich Frey und dem damaligen Bürgermeister von Andechs, Karl Roth, wahrhaftig im Saal des Bräustüberls. Begrüßt wurden die rund 100 Gäste vom damaligen Prior des Klosters, Pater Anselm Bilgri. Die Vorstellung der SRTM-Crew (Shuttle Radar Topography Mission) übernahm der deutsche ESA-Astronaut Gerhard Thiele: „Ich bin heute das erste Mal hier in Andechs. Und ich muss einräumen, dass ich viel aufgeregter bin als ich es kurz vor dem Start ins Weltall war", gestand er.

Nach einer Besichtigung der Klosterkirche und der Klosterschätze kam der gesellige Teil. Fürs Anzapfen der zwei 20-Liter Bierfässer aber waren Commander Kevin Kregel (*auf dem Foto mit Ilse Aigner*) und Bordspezialist Mamoru Mohri zuständig. Die Sorge der Gäste, sie müssten zu lange auf den süffigen Gerstensaft warten, war unbegründet. Kregel brauchte gerade einmal drei Schläge, Mohri schaffte es sogar nach zwei Anläufen.

Alles andere als der flüssigen Astronauten-Kost glich das, was in Andechs als deftige Brotzeit serviert wurde: Knusprige Schweinshaxn und als Beilage a Krautsalat. „Bei so einer Haxn da geht einem doch richtig das Herz auf", schwärmte Aigner. Sie übernahm es auch, den Gästen ein wenig über „bavarian culture" allgemein und über unser schönes Fünfseenland zu erzählen.

Als wichtige Info vielleicht noch dazu: Der Flug mit dieser Crew ins Weltall war am 11. Februar 2000. Ziel war die Erstellung von radargestützten Fernerkundungsdaten der Erdoberfläche. Auftraggeber war die NASA. Insgesamt war es die 97. Space-Shuttle-Mission und der 14. Flug der Raumfähre Endeavour. Mitgeflogen sind Kevin Kregel (Kommandant), Dominic Gorie (Pilot) Janet Kavandi und Janice Voss (Missionsspezialistinnen), Mamoru Möri (Missionsspezialist) sowie Gerhard Thiele als Missionsspezialist, der für die deutsche ESA mit dabei war. Als Gag hatten sich die Astronauten einfallen lassen, einen selbstentworfenen Sticker mit auf die Reise ins Weltall zu nehmen. Gezeigt wird die Endeavour, die zwischen der Weltkugel und 16 Sternen schwebt. Die Sterne aber symbolisieren die insgesamt 16 Kinder der Astronauten. Die Sticker waren übrigens ein Geschenk, die in Andechs an die Gastgeber der Astronauten überreicht wurden.

Übrigens, anlässlich des Kinderwelttages 2020 postete Ilse Aigner nicht nur ihr Kinderfoto, sondern auch einen der wichtigsten Ratschläge, den Erich Kästner je gegeben hat: „Nur wer erwachsen wird und Kind bleibt, ist ein Mensch!"… „Ich finde auch, dass wir alle das Kind in uns pflegen sollten", meinen die kleine sowie die große Ilse.

Heimat trägt man im Herzen

Von Anselm Bilgri

Obwohl ich viele Jahre auf dem Heiligen Berg in Andechs als Seelsorger für viele Menschen da war, meine eigentliche Heimat war und ist München. Vielmehr der Ortsteil Haidhausen, in dem ich - 1953 in Unterhaching geboren – als Kind aufgewachsen bin. Im sogenannten Franzosenviertel. Ihr fragt Euch jetzt, wieso Haidhausen Franzosenviertel genannt wird. Das kam so. Als 1872 die ersten Straßen rund um den Orleansplatz angelegt wurden, benannte man sie nach Orten siegreicher Schlachten des Deutsch-Französischen Krieges, der anno 1870/71 stattfand. Wie beispielsweise Sedanstraße, Bordeauxplatz, Bazeillesstraße oder Pariser Platz. Das ist jetzt 150 Jahre her und selbst viele Münchner wissen gar nicht mehr, woher die Namen kommen. Wir Kinder aber auch viele Erwachsene konnten damals kein Französisch und deshalb haben wir die für uns fremd klingenden Worte einfach so ausgesprochen, wie sie geschrieben wurden. Das hätte bei einem echten Franzosen wahrscheinlich zu Lachanfällen geführt. Mir ist aber kein echter Franzose begegnet. Lange Rede, kurzer Sinn – auch heute noch, wenn ich durch mein Münchner Viertel fahre und an meinen ehemaligen Spielplätzen vorbeikomme, geht mir das Herz auf.

Benediktinermönch wurde ich 1975 im Alter von 22 Jahren. Erste Station war das Kloster St. Bonifaz in der Münchner Innenstadt. Eigentlich wollte ich ein Leben lang, auch als Mönch, in München bleiben. Plagte mich doch schon als Kleinkind arges Heimweh, auch wenn wir nur für ein paar Stunden einen Autoausflug aus München heraus unternahmen. Furchtbar schlecht sei mir damals während der Autofahrt geworden, erzählte meine Mutter. Das war schlagartig vorbei, entdeckte ich bei der Rückfahrt meine vertrauten Münchner Frauentürme. Deshalb bin ich überzeugt, dass man sich stets da zu Hause fühlt, wo man aufgewachsen ist.

Heimat war mir auch über lange Zeit das Kloster Andechs, wo ich über viele Jahre hinweg als Prior und Wallfahrtsdirektor einiges auf die Beine stellte. Unter anderem gründete ich 1992 die erfolgreichen Festspiele „Orff in Andechs". Es war eine wunderschöne Zeit. Oft fragen mich die Menschen, wieso ich denn 2004 aus dem Kloster ausgetreten bin und dem Benediktinerorden den Rücken kehrte? Es waren verschiedene Gründe, die mich zu diesem Schritt veranlassten. Das geht übrigens nur, wenn auch der Papst in Rom seine Zustimmung gibt. Eines aber weiß ich ganz bestimmt: Der liebe Gott versteht mich und ist mir deshalb auch nicht böse. Trotzdem, Andechs und die Menschen, die dort wohnen, sind mir ans Herz gewachsen und stückweit auch Heimat geblieben. Deshalb interessiert mich immer noch alles, was rund um den Heiligen Berg so passiert. Heimat trägt man einfach im Herzen mit sich herum, egal auch, wo man zwischendrin mal Rast macht.

Zum Foto oben: Anselm Bilgri als Knirps beim Skifahren. Als er Bekanntschaft mit einem Bach machte, in den er hineingefallen war, hat ihn die Mama wieder herausgezogen, trockengelegt und ihm ihren Pullover und ihre Bluse angezogen. Das Foto beweist, dass spätere Mönche durchaus aufgeweckte Jungs waren, die dem Fotografen auch mal die Zunge ausstreckten.

... und rund 55 Jahre später feierte Anselm Bilgri (Mitte) seinen 65. Geburtstag im Klostergasthof in Andechs. Mit dabei waren unter anderem Andechs` Molkereichefin Barbara Scheitz (von links), Münchens Oberbürgermeister Dieter Reiter, Dr. Nikolaus Birkl (Akademie der Muse) und Alexander Urban

Ein Kindheitstraum ging in Erfüllung

Dass Kindheitsträume durchaus in Erfüllung gehen können, bewies die Geschichte über Alexander Urban. Überlegt deshalb genau, was Ihr einmal werden möchtet, und behaltet diese Idee immer im Blickpunkt. Löst sich die Idee im Laufe der Jahre auf, dann war es wohl nicht das Richtige. Bei Urban aber

hat sich sein Lebensweg stets entlang seines Kindheitstraumes bewegt. Im Jahr 1967 wurde er als Inninger Gwachs geboren. Schon als kleines Kind war er von den Ritualen in der katholischen Kirche fasziniert (das Foto wurde anlässlich der Firmung geschossen).

„Die Rituale haben etwas, was sich nur schlecht erklären lässt", erzählt er heute. Jedenfalls meldete er sich beim damaligen Inninger Pfarrer Richard Strobl an, weil er unbedingt Ministrant werden wollte. Er wurde es und er war es mit großer Begeisterung. Und Ihr glaubt es nicht, auf was sich Urban jedes Jahr besonders freute? Nein, nicht etwa auf Weihnachten und auch nicht auf den eigenen Geburtstag. Es waren die Wallfahrten nach Andechs. „Ich durfte das Weihrauchfass während des langen Weges schwenken und fand es beeindruckend, wie viele Menschen da mitgehen, beten und singen."

In Andechs angekommen hatte die Inninger Glaubensgemeinschaft das Vorrecht, die Messe vom Hochaltar aus zu halten. Grund war, dass die Inninger Wallfahrt den Drei Hostien galt, die das Kernstück des Andechser Heiligtums sind und in der Schatzkammer aufbewahrt werden. Fand eine Messe zuliebe dieser drei Hostien statt, wurden diese in einer Monstranz auf den Hochalter gestellt. „Es war bombastisch, wie wir da oben standen, ich den Weihwasserkessel schwenkte und unten im Schiff der Kirche die Menschen andächtig der Messe lauschten."

Dem feierlichen Akt folgte der gesellschaftliche Teil. „Wir durften mit den Mönchen und unserem Pfarrer ins Refektorium, um dort Weißwürste, Brezn und Bier serviert zu bekommen. Da habe ich das erste Mal die benediktinische Gastfreundschaft kennen und schätzen gelernt. Ich glaube, damals ist auch die Idee gereift, später einmal in der Gastronomie und letztendlich in Andechs zu arbeiten."

Urban hielt an seinen Kindheitsträumen fest. Gelernt hatte er im Bayerischen Hof, beim Dallmayr und im Münchner Hofbräuhaus. Nach Abschluss der Zertifizierung als Gastronomiefachmann meldete sich Urban aus persönlichen Gründen für den Zivildienst in St. Ottilien.

Ob nun das Universum, der liebe Gott oder der berühmte Zufall seine Finger mit im Spiel hatte, man weiß es nicht. Jedenfalls „zwei Wochen vor Antritt meines Dienstes, es war im Januar 1989, hörte ich im Radio in Bayern II ein Interview mit Pater Anselm. Er erzählte, dass im Kloster Andechs eine Gaststätten GmbH gegründet worden sei und dass dafür ein Geschäftsführer gesucht werde. Ich war sofort überzeugt, das ist etwas für mich." Gelegen kam, dass ihm noch am selben Tage einen Freund über den Weg lief, der Mitglied bei den Karmelitermönchen war und dem er von seinem Wunsch, Geschäftsführer in Andechs zu werden, erzählte. Der Freund wiederum traf noch am selben Abend den damaligen Benediktiner-Abt Odilo Lechner. Von da an lief alles wie am Schnürchen.

„Mich informierte Odilo Lechner darüber, dass sich demnächst bei mir ein junger Mann bewerben werde, der ihm empfohlen worden sei", erinnert sich Anselm Bilgri. „Tatsächlich kam dieser Anruf, doch außer dem Namen Alexander Urban hörte ich nichts. Die Verbindung war abgebrochen."

Für Urban aber schien eine Welt zusammen zu brechen und seine Karriere in Andechs beendet, bevor sie begann. „Ich war in einer Telefonzelle, hatte aber nur eine Mark in Zehnerlstücken dabei. Damals musste man zum Telefonieren Münzen einwerfen. Da Andechs ein Ferngespräch war, waren die Zehnerl durchgerutscht, ehe ich noch mein Anliegen vortragen konnte. Lediglich den Namen brachte ich noch stammelnd hervor. Das war es dann wohl, dachte ich." Doch das Schicksal war Alexander Urban hold. Er bewarb sich erneut und hatte in Andechs Braumeister Dr. Georg Orthuber einen Fürsprecher gefunden. Auf die Bedenken von Pater Anselm Bilgri, Urban sei mit seinen gerade einmal 22 Jahren noch etwas sehr jung für den verantwortlichen Posten als Geschäftsführer, habe Orthuber nur gesagt: „Dieser Makel vergeht von alleine." Anselm Bilgri vertraute sowohl dem Braumeister wie auch Urban. Er stellte Urban zum März 1989 an und wurde so etwas wie sein Ziehvater. Der zugesagte Zivildienst in St. Ottilien jedoch konnte über diverse Umwege ad acta gelegt werden.

Urbans berufliche Karriere aber entwickelte sich kontinuierlich. Als ihm dann zum 1. April 1994 der Klostergasthof anvertraut wurde, war auch sein Kindheitstraum in Erfüllung gegangen. „Es war ein Karfreitag, ein so genannter stiller Tag", erinnert sich Anselm Bilgri. „Da hat ja bekanntlich das klösterliche Bräustüberl geschlossen. Deshalb hoffte ich, dass die vielen Besucher, die an Karfreitag zur Wallfahrtskirche auf den Heiligen Berg kommen, anschließend im Klostergasthof einkehren und somit gleich zur Eröffnung für einen ordentlichen Umsatz sorgen. Ich aber ließ es mir nicht nehmen, erster Gast zu sein und entschied mich für eine Kerbelcremesuppe. Die Rechnung samt Datum aber ließ ich einrahmen und überreichte sie Urban als Einstandsgeschenk."

Nach dem Weggang von Anselm Bilgri war auch die Kooperation zwischen Urban und den Mönchen schwieriger geworden. Weshalb der langjährige Wirt des Klostergasthofes am 4. Februar anno 2018 zum Jahresende kündigte. „Schweren Herzens, das hat echt weh getan", räumte er ein. „Ich muss aber auch dankbar sein, weil ich immerhin drei Jahrzehnte lang meinen Kindheitstraum leben durfte." Mittlerweile hat der gebürtige Inninger zusammen mit Sohn Michael das Midgard-Haus in Tutzing übernommen.

Und, gibt es noch einen Traum, der bisher nicht erfüllt wurde? „Ja, es ist auch ein Kindheitstraum, an den ich immer öfters denke."

Und, der wäre? „Eine einsame Alm auf einem bayerischen Berg und davor eine Schar fröhlicher Ziegen."

(Auf dem Foto Alexander Urban als Jugendlicher bei einem Besuch im Münchner Tierpark Hellabrunn.)

Vom Klopapierfabrikanten zum erfolgreichen Verleger

Wisst Ihr eigentlich, was man aus einer gelesenen Zeitung alles machen kann? Klar, in die Papiertonne treten, würdet Ihr jetzt sagen. Nein, da gibt es noch ganz andere Möglichkeiten. Man kann die mit Nachrichten und Sensationen bedruckten Blätter beispielsweise zum Falten von Papierhütchen, Schiffchen, Himmel und Hölle, phantasievollen Kunstwerken, zum Einwickeln von Steckerlfischen oder aber auch für die Herstellung von Toilettenpapier verwenden. Ups. Klopapier aus einer Zeitung? Ihr schüttelt ungläubig den Kopf? Nun lasst mich mal erzählen:

Mit Sicherheit erinnert Ihr Euch alle noch an den Beginn der Corona-Pandemie im März 2020. Plötzlich hatten alle Menschen Angst davor, Lebensmittel und Gebrauchsgegenstände könnten zur Neige gehen, Kaufhäuser und Supermärkte schließen. Weshalb sich die Menschen wie von Sinnen zu Hamsterkäufen verleiten ließen. Hamsterkäufe deshalb, weil wie die niedlichen kleinen Hamster, nun auch die Menschen so viel als möglich Vorräte hamstern und diese in ihre Einkaufstaschen packten. Hamster haben dazu ihre Backen, die sie bis zum Bersten vollstopfen. Was Hamster aber nicht brauchen, von den ängstlichen Menschen aber sehr schnell zur Mangelware erklärt wurde, war das Klopapier. In den Supermärkten fanden regelrechte Gefechte um die letzte Packung statt.

So, und nun zur eigentlichen Geschichte, die 72 Jahre zurück liegt und bei der das Toilettenpapier schon einmal eine große Rolle gespielt hat. Es ist einer der erfolgreichsten Verleger Deutschlands, der bereits in ganz jungen Jahren die Bedeutung der Zeitung als Lektüre, aber auch in Punkto Verwendung als Toiletten- sowie als Packpapier erkannt hat. Bereits im Alter von acht Jahren startete Dr. Dirk Ippen mit einem regen Handel. Und das kam so:

Mein Leben mit Zeitungen
Von Dr. Dirk Ippen

„Meine kindlichen eigenen Schritte als „Kaufmann", wenn man es so nennen wollte, liegen noch vor der Währungsreform 1948. In der Zeit, in der man nichts kaufen konnte, bekam ich ein winziges Stück Gartenland zugeteilt durch die Freundlichkeit unseres Vermieters. Darauf durfte ich anpflanzen, was ich wollte. Ich entschied mich für Tabak, der in Nordwestdeutschland natürlich kaum gedieh. Die Blätter musste ich grün ernten. Zum Trocknen hängte ich sie auf den Dachboden an den Drähten auf. Klein gerieben und in Tütchen aus Zeitungspapier verpackt, verkaufte ich sie in unserer Nachbarschaft. Da lebten Flüchtlinge, Familien mit Männern, die zu Untätigkeit verdammt waren.

„Was du da hast Junge, ist doch kein Tabak", meinten sie, aber da es sonst nichts gab, nahmen sie meine Tütchen doch und gaben mir Groschen der wertlosen Reichsmark-Währung dafür. In gleicher Weise hatte ich auch einen kleinen Handel mit Klopapier, welches es ja ebenfalls nirgendwo zu kaufen gab. Dazu sammelte ich Zeitungen, schnitt sie in kleine Blätter, durch die ein Draht gezogen wurde. So ließ sich am stillen Örtchen ein kleines Päckchen an den Nagel hängen.

Packpapier aus alten Zeitungen

Nach der Währungsreform, vor allem in der Korea-Krise 1950, war Zeitungspapier knapp und sehr begehrt. Ich sammelte, wo ich konnte, in der ganzen Nachbarschaft alte Zeitungen, machte sie glatt und verkaufte sie zu Kilopaketen gebündelt an einen Fischhändler in der Stadt. Von dem Geld, das ich bekam, ist mir nicht mehr viel in Erinnerung. Wohl aber weiß ich noch, wie gut es mir tat, wenn Händler mich vor den Kunden als fleißigen Jungen lobten, der sich nützlich zu machen weiß."

(Quelle: „Mein Leben mit Zeitungen" – erschienen 2019 im Societäts-Verlag)

Erfolg macht glücklich und zufrieden

Die ersten Geschäfte des „kleinen Dirk" liegen nun 72 Jahre zurück. Seither bewies Dr. Dirk Ippen, am 13. Oktober 2020 feierte er seinen 80sten Geburtstag, dass er stets einen außergewöhnlichen Riecher für gute Geschäfte hatte und zudem ein Gespür dafür, was seine Leser mögen und mit welchen Inhalten er sie begeistern konnte. Heute zählen in etwa 100 Titel zu seiner Firmengruppe. Darunter der Münchner Merkur sowie die TZ.

Und was rät Dirk Ippen, Deutschlands Nummer 4 im heiß umkämpften Zeitungsgeschäft, jungen Menschen?

„Das größte Anliegen meiner Erinnerungen ist es, junge Menschen, die unternehmerisch tätig sein wollen, auf ihrem Wege zu ermuntern. Es ist ein großes Glück, erfolgreich etwas gestalten zu können. Diese Freiheit hat außer dem Unternehmer sonst nur der Künstler. Und wenn etwas nicht klappt, dann ist es kein Versagen oder gar eine Schande. Stets hat mich der Wettbewerb motiviert und zu neuen Ideen gebracht…
So ein Buch ist wie eine Flaschenpost. Niemand weiß, wen es erreichen wird. Ich wäre glücklich, wenn auch nur ein einziger junger Unternehmer durch die Lektüre meiner Erinnerungen motiviert wird, ebenfalls seine Kräfte einzusetzen…".

Dahoam ist da, wo liebe Menschen sind
von Werner Schmidbauer

„Da, wo meine Kinder schlafen, bin i dahaam." So sang es der großartige Georg Danzer in einem meiner Lieblingslieder von ihm. Und genauso ging es mir selber, als meine eigenen Kinder noch klein waren.

Als ich selber noch ein Kind war, waren meine Eltern meine Heimat. Egal, wo immer wir auch waren, ich war daheim, wenn sie da waren. Und ich kann mich noch gut an die schlimmen Gefühle erinnern, als ich mit sieben Jahren das erste Mal im Schullandheim so furchtbar Heimweh nach meinen Eltern hatte, dass ich ihnen heimlich eine Postkarte schrieb und sie anflehte, mich nach Hause zu holen. Sie kamen dann auch, verbrachten einen wunderschönen Nachmittag mit uns Kindern, fuhren am Abend aber dann wieder ab und ließen mich mit dem Versprechen, bald wiederzukommen, einigermaßen getröstet zurück.

Zu meinem 18. Geburtstag war ich mit meinem besten Freund auf einer Radltour durch Korsika unterwegs, und, wir erlebten wunderschöne Sachen, ratschten über Gott und die Welt, über das Leben und den Tod und vor allem über die Mädchen... Ja, wir unterhielten uns. So, von Mensch zu Mensch.

Heute sollen so Gespräche ja mehr über Handys gelikt werden, hat man mir erzählt. Heimweh hatten wir auf unserer Korsika-Tour nicht. Wir fühlten uns niemals fremd, sondern immer geborgen und zuhause, obwohl wir in diesem für uns noch unbekannten Land eigentlich nur Gäste waren. Dieses sich Wohlfühlen liegt bei mir insbesondere daran, dass stets die Menschen um mich herum meine Heimat geworden sind. Wenn ich mich in lieben Menschen wiederfinde und mich in ihnen spiegeln kann, dann bin ich daheim... „Il mondo è la mia patria", wie mein Freund Pippo Pollina in einem gemeinsamen Lied zusammen mit mir gesungen hat: „De Welt, de is mei Hoamat, der Himme is mei Zelt."

Schmidbauer, der bayerische Gipfelstürmer

Bestimmt habt Ihr schon einmal im Bayerischen Fernsehen das „Gipfeltreffen" gesehen. Der Werner, heute 58 Jahre alt, sucht sich da immer prominente Gäste aus, Schauspieler, Politiker, Mönche, Liedermacher, Unternehmer oder aber auch Fernsehgrößen, und wandert mit ihnen auf die Gipfel bekannter Berge. Deshalb auch Gipfeltreffen. Oben, am Gipfelkreuz angekommen packt er dann seinen Rucksack aus. Und je nach Gast holt er selbst gebratene Fleischpflanzerl, Kartoffelsalat, ein Flascherl Weißbier oder aber auch ein vegetarisches Schmankerl und dazu eine Apfelschorle hervor. Während der Wanderung und der gemütlichen Rast aber unterhält er sich über

das Leben seiner Gipfel-Gäste. Und jetzt fragt Ihr Euch bestimmt, wie wird man denn ein erfolgreicher Moderator im Fernsehen. Einfach so, oder muss man da schon ein Talent dazu haben? Deshalb hab' ich den Werner mal gefragt, ob er sich schon als Kind vorgenommen hat, berühmt zu werden.
„Nein, nicht berühmt, aber ich wollte schon immer etwas mit Menschen und Musik zu tun haben", erzählt er.

„...als Kind habe ich Gitarre, Schlagzeug und Saxophon gespielt und während meiner Schulzeit das „Duo Jedermann" mit Ecco Meinecke, das ist der, der auf dem Foto die Sammelbüchse in der Hand hält, gegründet. Bis 1986 haben wir in dieser Konstellation mit viel Enthusiasmus und dem Ruf als Münchens jüngstes Liedermacher- und Kabarettduo bestimmt tausend Konzerte gespielt." Ja, so ist es irgendwie immer weiter mit der Karriere nach oben gegangen. Denn „bei einer dieser Gelegenheiten hat mich der Bayerische Rundfunk entdeckt und mir zusammen mit Amelie Fried und Giovanni Di Lorenzo die Moderation der Jugend Talkshow „Live aus dem Alabama", „Live aus dem Schlachthof" sowie „Live aus dem Nachtwerk" anvertraut. Bis 1994 haben wir 460 Folgen moderiert und wurden dafür mit dem Adolf Grimme Preis ausgezeichnet. Das war der Auftakt für viele weitere, unterschiedlichste Sendungen, die ich machen durfte."

Es spuckt der See – juhe…

Unser Landkreis Starnberg hat ja lauter schöne Fleckerl, wo man sich durchaus wohlfühlen kann. Schauen wir doch mal am Weßlinger See vorbei. Nicht ganz uninteressant. Hier gibt es nämlich eine besondere Besonderheit, die bestimmt schon aufgefallen ist. Mitten im See, also mittendrin, sorgt eine viele Meter hohe Wasser-Fontäne für einen echten Hingucker. Ja, Ihr habt richtig gehört. Mitten aus dem See heraus sprudelt es. Ihr fragt Euch nun bestimmt, wieso ein See, vollgefüllt mit Wasser, noch ein sprudelndes Wasser braucht?

Weßlinger See drohte zu ersticken

Wie vieles im Leben, hat auch diese Fontäne eine lange Vorgeschichte. Es war vor vielen, vielen Jahren, da drohte der See tatsächlich zu ersticken. Heißt, er bekam keine Luft mehr, der Sauerstoff war knapp geworden. Pflanzen und Fische mussten ums Überleben kämpfen. Anders als viele anderen Seen nämlich hat der Weßlinger keine Zu- und Abläufe. Er speist sich ausschließlich über das Grundwasser. Und da frischer Zulauf fehlt, führte dies vor einigen Jahrzehnten dazu, dass durch die Düngung der umliegenden Felder sowie durch die Fäkalien der Bewohner, die alle ungefiltert im See landeten, dem See notwendige Nährstoffe entzogen wurden. Dazu kam, dass immer mehr Badegäste nach Weßling kamen, die sich dick in Sonnenöl eingeschmiert am Ufer tummelten und die Badefreuden genossen. Damit nicht genug. In unserer neuen Wohlstandsgesellschaft, die Menschen waren froh, dass die Nachkriegsjahre vorbei waren, lebte man nach entbehrungsreichen Jahren zwar im Überfluss. Doch Mülltrennung war damals kein Thema. Deshalb wurde alles, was nicht mehr gebraucht wurde, einfach liegen gelassen. Egal ob Sandkübel aus Plastik, alte Turnschuhe, volle Babywindeln, Zigarettenstummel oder einfach nur abgeknabberte Knochen vom verzehrten Hühnchen. Das Seeufer war mit Müll übersät. Doch irgendwann war es zu viel. Außer Nährstoffe, die entzogen wurden, fehlte auch der notwendige Sauerstoff, den Fische und Pflanzen zum Überleben brauchen. Der See kippte um, so sagt man das in der Fachsprache, die Fische drohten zu ersticken. Nun war guter Rat teuer. Die Menschen überlegten mal hin und mal her. 1970, also vor nunmehr 50 Jahren, wurde erst einmal ein Ringkanal gebaut, so dass wenigsten die Fäkalien von Menschen, die drum herum wohnten und nun über eine moderne Toilettenspülung verfügten, nicht

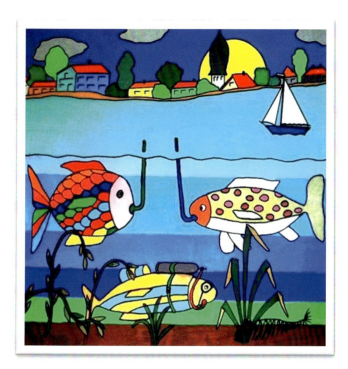

mehr in den See gespült wurden. Das reichte aber immer noch nicht aus, um die Wasserqualität wieder spürbar zu verbessern. Und da kam ein schlauer Mensch auf die Idee, nein, nicht ich, da war ich ja noch nicht geboren. dem See eine so genannte Sauerstoff-Therapie zu verordnen. Das Wasserwirtschaftsamt investierte viel Geld in den Bau einer Belüftungsanlage. Sie wurde mitten im See verankert und sorgt jetzt für jede Menge Sauerstoff. Seither schießen in den Sommermonaten lustige Wasserfontänen in die Höhe und auch die Pflanzen und Fische haben sich wieder erholt.

60 Mal Mutter – eine rundum liebenswerte Rasselbande

Habt Ihr schon einmal von einer Mutter gehört, die über 60 Kinder hatte? Und sich sogar an jedes einzelne sowie an deren Stärken und Schwächen erinnern kann? Ich sehe schon, ihr verdreht ungläubig die Augen. Gibt es nicht, werdet Ihr jetzt sagen. Gibt es doch, sag' ich. Sie heißt Vera Pein, wurde 1946 in Gauting geboren und ist dort auch aufgewachsen. Jetzt lebt sie mit ihren  derzeit vier Kindern auf einem historischen Bauernhof in Inning und hat bereits ein Buch mit dem Titel „60 Mal Mama" geschrieben. Ach ja, und das Bayerische Fernsehen hat innerhalb der Reihe „Lebenslinien" auch schon einen Film über Vera Pein und ihr Engagement gedreht. Jetzt fragt ihr Euch immer noch, wie man Mutter von übr 60 Kinder wird. Ganz einfach: Als sie vom Jugendamt vor etwa 30 Jahren erstmals gebeten wurde, ein kleines Mädchen bei sich aufzunehmen, das es Zuhause nicht so gut hatte, ahnte Vera Pein noch nicht, dass sie künftig als Pflegemama über sechzig Kindern eine neue Heimat geben und einen zweiten, oft besseren Start, als geplant, ins Leben ermöglichen würde. Doch sie hatte ein sehr gutes Händchen für ihre Schützlinge, so dass ihr fortan immer wieder bis zu vier Kindern anvertraut wurden. Teils blieben sie nur kurzfristig, bis eine gute, andere Lösung gefunden wurde, andere Kinder aber blieben, bis sie ins Berufsleben verabschiedet wurden. Zu den meisten ihrer einstigen Pflegekindern hat Vera Pein bis heute einen guten Kontakt. Sie kommen so oft als möglich zu Besuch oder fragen ihre ehemalige Mama um Rat, wenn es Probleme gibt. „Für Kinder das wichtigste ist, eine Heimat zu haben, wo ihnen Liebe und Vertrauen entgegengebracht werden, damit sie in Sicherheit aufwachsen können und ihnen ein guter Start ins Leben ermöglicht wird", sagt Vera Pein.

Sie erinnert sich auch gerne zurück an ihre eigene Kindheit. Steht heute ein komfortabler Swimmingpool im heimischen Garten, um ihren Pflegekindern an heißen Sommertagen ein kühles Planschvergnügen anzubieten, war es damals eine Zinkbadewanne, in der die dreijährige Vera (rechts) mit einer Freundin plantschte. „Spaß hat es damals genauso gemacht, wie es heute meinen Kindern macht, wenn sie in den Pool springen", sagt sie. So, und nun überlegt einmal, was so eine Mama außer viel Liebe geben und gut kochen sonst noch können muss? Richtig, Geschichten erzählen. Und da greift Vera Pein, sie ja selbst einmal ein Kind war, auf eigene Episoden zurück. Wie zum Beispiel die Geschichte mit Lucky, einer ganz gewöhnlichen Feldmaus:

Lucky, eine pfiffige Weihnachtsmaus
Von Vera Pein

An einem Morgen im Dezember ging ich mit meinen Eltern und unserem Dackel Molly am Starnberger See im Schnee spazieren. Stöckchen werfen und Steine übers Wasser hüpfen lassen. Während Molly vergnügt im Schnee buddelte, sprang ihr plötzlich eine Maus vor die Nase, erschrak, lief mal kreuz und auch mal quer und dann eilends davon. Meine Mutter aber handelte etwas schneller, ihr tat das Mäuschen nämlich unheimlich leid. Sie riss mir meine rote Mütze vom Kopf, griff in den Schnee und packte es in die warme Mütze.  Zu Hause angekommen richteten wir für das zitternde kleine Etwas ein leeres Aquarium mit einer dicken Schicht Erde und Steinen als gemütliches Winterquartier ein. Lucky, so tauften wir die vor unserem Hund gerettete Maus. Für mich aber begann eine spannende Zeit. Konnte ich doch gut beobachten, wie Lucky sich ein verzweigtes Gangsystem mit Höhle baute und regelmäßig seine leckeren Futtergaben durch die Gitterstäbe der Abdeckung holte.

Nach den Weihnachtsfeiertagen war über Sylvester-ein Besuch bei meiner Oma geplant. Maus samt ausreichendem Futter-Vorrat blieben zu Hause. Wir staunten nicht schlecht, als wir nach der Rückkehr einen geplünderten Weihnachtsbaum vorfanden. Lucky hatte mit aller Kraft das Gitter über dem Aquarium verschoben, sich in Richtung Weihnachtsbaum auf die Reise gemacht, um dort die kleinen roten Weihnachtsäpfel, Zuckerkringel und Schokoladenzapfen vom Baum zu zupfen. Nachdem sie alles rundum angeknabbert hatte, hortete sie die Überreste am Boden unter den grünen Zweigen. Nach getaner Arbeit hatte sich es Lucky im Flickkorb meiner Mutter bequem gemacht und mit seinen flinken Pfötchen ein gemütliches Nestchen gebaut. Mamas Flickarbeit aber hat sich so von selbst erledigt. Alles hatte viel zu große Löcher bekommen und musste entsorgt werden. Die Maus aber kam zurück ins Aquarium.

Jetzt wollt' Ihr sicher wissen, wie die Geschichte endete? Sagen wir mal so, eine Frühjahrs-Grippe verschaffte dem Mäuschen seine Freiheit. Nicht nur meine Mutter, auch ich lagen krank im Bett. Meine Oma musste zur

Unterstützung anreisen, weigerte sich aber unser Haus zu betreten, solange die Maus Mitbewohnerin war.

Es blieb nichts anderes übrig, als eine für alle zufrieden stellende Lösung zu finden. Nachdem der Familienrat getagt hatte, wurde Lucky schweren Herzens durch meinen Vater in die warme Frühlingssonne im Wald hinter unserem Haus ausgesetzt. Ich aber habe innigst gehofft, dass er dort auf ein kleines Mäusefräulein trifft, um ihre Pfote bittet und mit ihr eine glückliche Mäusefamilie gründet.

Multikulturell – Kenia trifft auf Bayern

Erzählte ich Euch gerade von der Inninger Familie Pein, gibt es ein paar Kilometer Luftlinie entfernt eine weitere Familie, die ebenfalls als außergewöhnlich durchgeht: Rosejoy Gichuki (36) und Markus Kelm (50) mit ihren drei Kinder Simon (15), Cate (14) und Boni (10) sind in Gilching zuhause und fühlen sich dort auch pudelwohl. Außergewöhnlich deshalb, weil Mama Rosejoy und die drei Kinder dunkler Hautfarbe sind, der Papa aber ein gebürtiger Gilchinger ist. Und das kam so. Als Überschrift dieser Geschichte ließe sich flapsig: „Kenia trifft auf Bayern" setzen. Doch lassen wir mal Rosejoy selbst erzählen.

„Ich hatte schon als Kind den Wunsch, eine andere Kultur als unsere afrikanische und auch ein anderes Land kennenzulernen. Auf meiner Wunschliste stand Deutschland. Einzige Möglichkeit, in das Land auf der anderen Seite der Weltkugel zu kommen, war, mich als Aupair-Mädchen zu bewerben. Das war aber nur möglich, wenn ich erst einmal in Afrika die deutsche Sprache lernte. Im März 2009 kam ich dann zu einer Familie in Trudering, die vier Kinder hatte."

Rosejoy war damals 24 Jahre alt und hatte bereits zwei Kinder. Um ihren Traum aber von einem besseren Leben zu verwirklichen, musste sie ihren dreijährigen Sohn Simon sowie die zweijährige Tochter Cate vorerst bei den Großeltern in Afrika zurücklassen. Klingt traurig. War es aber gar nicht. Denn in Afrika, erzählt man sich, werden die Kinder nicht nur von Mama und Papa erzogen, sondern das ganze Dorf hilft bei der Erziehung mit. Keine Probleme damit hatten auch Simon und Cate.

„Für uns war es nicht schlimm, weil wir ja schon von Anfang an bei den Großeltern waren und unsere Mama für uns eher eine große Schwester als eine Mama war", erinnert sich Simon. Zumal sie wussten, sobald Rosejoy in Deutschland Fuß gefasst habe, würden sie nachgeholt werden. Das dauerte etwas. Mittlerweile war auch Boni schon auf die Welt gekommen. „Ich hatte damals eine Beziehung zu einem Mann aus Ghana. Leider hielt diese Verbindung nicht lange, weshalb ich nun als alleinerziehende Mutter dastand und meinen Weg alleine finden musste." Sie fand nicht nur ihren eigenen Weg, sondern auch ihren Ehemann Markus. „Wir kannten uns schon einige Zeit und da schlug Boni vor, der Markus solle doch seine Mama heiraten und er würde dann mich heiraten. Wir mussten alle viel lachen. Die Mama von Markus aber meinte, es wäre doch viel besser, der Markus heiratet mich." Gesagt getan, Hochzeit war im Jahr 2014.

Nun war es an der Zeit, auch Simon und Cate nach Deutschland zu holen. Einfach sei es nicht gewesen, erzählt Rosejoy. „Wir hatten jede Menge Formalitäten zu erledigen." 2016 war es dann soweit. Rosejoy und Ehemann Markus flogen nach Kenia, um ihre zwei älteren Kinder nach Gilching zu holen.

Mama Rosejoy Gichuki (vorne) mit Boni (links) und Bonis Freund Darrell (11) dahinter stehen Simon und Cate

Simon erinnert sich: „Für mich war es irgendwie schon ein Kulturschock. In Deutschland war plötzlich alles ganz anders, als bei uns in Afrika. Aber, es hat mir schon bald gut gefallen und ich habe mich auch sehr schnell wohl gefühlt und viele Freunde gefunden." Heute geht der 15Jährige in die neunte Klasse des Christoph-Probst-Gymnasiums, spricht Englisch, Deutsch und Kikuyu, die Muttersprache seines Stammes in Kenia, und lernt zudem noch Französisch und Spanisch in der Schule. Hobbies sind Basketball, Leichtathletik und

Mountain-Biken. Stolz ist Simon auf seine drei Urkunden, die er sich bei den Bundesjugendspielen 2019 im Sprint, Weitsprung und Hochsprung geholt hatte. Ach ja, nicht zu vergessen das Tanzen. Er wie Schwester Cate trainieren regelmäßig in einer Allinger Tanzschule den so genannten Hip-Hop.

Cate wiederum besucht die 8. Klasse im Gymnasium, lernt zu ihren drei Sprachen ebenfalls noch Französisch und Spanisch dazu, singt im Schulchor und fährt in der Freizeit Inline-Skater. Während Simon einmal Pilot werden will, hat sich Cate als Berufswunsch Ärztin ausgesucht. Und wie sieht der kleine Bruder Boni seine Zukunft? Der will vorerst seine Kindheit genießen, besucht die Grundschule in Gilching und ist froh, wenn Freund Darrell aus München zu Besuch kommt, um sich auf heimische Abenteuer einzulassen.

Ein pfiffiger Blutsauger nimmt Reißaus

Jetzt erzähle ich Euch zur Abwechslung mal eine Geschichte über einen kleinen Wurm, der keine Lust mehr hatte, in einem Glas sein restliches Leben zu verbringen. Und dies kann immerhin bis zu 30 Jahren dauern. So alt nämlich wird ein richtiger Blutegel. Igittigitt, wird jetzt mancher von Euch denken und möglicherweise auch gleich noch zu schreien anfangen. Nein, nein... davonlaufen müsst Ihr nicht. Blutegel sind völlig harmlos. Sie helfen sogar dabei, Menschen gesund oder etwas gesünder zu machen. Ihr glaubt es nicht? Dann geht mal zu einem guten Arzt und fragt nach. Er wird Euch erzählen, dass bereits vor über 2500 Jahren im alten Griechenland die heilsame Wirkung der kleinen Tiere bekannt war.

Wie das funktioniert? Es ist schnell erklärt. Hungrige Egel nämlich saugen sich einfach am Menschen fest, zum Beispiel am Knie oder am Rücken, da, wo der Doktor die Schmerzen vermutet, um etwas Blut zu trinken. Das tut fast gar nicht weh. Gut, zugegeben. Es pikst ein bißerl. Beim Saugen spucken sie dann etwas Speichel in die kleine Biss-Wunde, weshalb es zu leichtem Brennen kommt. Im Speichel nämlich ist ein Sekret enthalten, das zur Heilung bei vielen

Krankheiten beiträgt. Unter anderem bei Arthrose, die ja vielen Menschen große Probleme bereitet. Fragt mal euren Opa oder Euro Oma. Aber auch schon junge Menschen oder Kinder können eine Krankheit haben, bei der eine Therapie mit diesen süßen kleinen Tierchen helfen kann.

Doch nun zurück zu unserem Blutegel, der sich noch immer auf der Flucht befindet. Er sollte eigentlich für die Gesundung von Menschen mit orthopädischen Problemen eingesetzt werden. Da er auf seinen Einsatz noch warten musste, wurde er in ein schönes Glas auf dem Tisch von netten Sprechstundenhilfen in einer Orthopädischen Praxis in Gilching gesetzt. Dr. Christian Angermair nannte ihn Felix. Ihm gehörte der Wurm, und er schaute auch täglich nach, ob es ihm in seiner runden Glasvilla gut geht und ob genügend Feuchtigkeit vorhanden ist. Dr. Angermair, die Sprechstundenhilfen und auch Patienten gewohnten sich schließlich an Felix und deshalb entschied der Arzt, ihn nie zu einem Arbeitseinsatz aus dem Glas zu holen.

Eines Nachts jedoch hatte Felix genug. Langeweile war es, die ihn veranlasste, sich auf den Weg zu machen, um die große weite Welt zu erkunden. Er hatte nämlich von einem Tümpel gleich um die Ecke beim so genannten Mühlbach gehört, wo angeblich viele seiner Wurmgenossen ein herrlich unbeschwertes Leben führen. Ohne, dass sie vorher kranken Menschen ins Bein zwicken mussten. Und da entwickelte dieser gerade einmal drei Zentimeter lange Egel elefantöse Kräfte, hob den viel zu schweren Glasdeckel an und kroch unter ihm hindurch in die Freiheit. Die Aufregung in der Praxis war groß. Nachdem Dr. Angermair und seine Mitarbeiterinnen alles genau abgesucht hatten, jedoch keinen Felix entdeckten, gaben sie Suchanzeigen in der Hoffnung auf, Felix werde zurückkommen. Doch Onkel Doktor irrte. Eines Tages traf eine wunderschöne Urlaubs-Postkarte ein. Felix beim Schlürfen eines Blut-Cocktails und dem Hinweis, so schnell nicht zurück zu kommen.

Vielleicht seht Ihr ihn ja mal, dann grüßt ihn ganz herzlich.

Übrigens: Blutegeln geht es auch dann nicht schlecht, wenn sie ihren Einsatz beim Arzt erledigt haben. Anders als Menschen, dürfen sie nur ein einziges Mal in ihrem Leben arbeiten. Anschließend aber werden sie zum Züchter zurückgeschickt, der ein so genanntes Altenheim für Blutegel in seinem Garten betreibt. Und in diesem Seniorenweiher dürfen sie bleiben, solange sie leben und so lange sie nicht von einer frechen Ente verspeist werden. Und falls Ihr mir die Geschichte nicht glauben sollte, geht zum Onkel Doktor und fragt ihn nach Felix.

105 Jahre Eis am Stiel – Entstehung war reiner Zufall

Bestimmt habt Ihr alle schon einmal ein köstliches Eis am Stiel geschleckt. Ein Wassereis, wohlgemerkt. Bei hochsommerlichen Temperaturen ein Hochgenuss. Aber wisst Ihr auch, wie das Eis auf den Stiel kam? Es war reiner Zufall und der Vergesslichkeit eines elfjährigen Jungen zu verdanken, dass wir heute das Eis in den unterschiedlichen Geschmacksrichtungen genießen können. Hat zwar nicht unbedingt etwas mit dem Landkreis zu tun, ist aber total spannend und sollte ein klein wenig Anregung geben, selbst etwas Weltbewegendes zu erfinden.

Man schrieb das Jahr 1905 und es war eine bitterkalte Winternacht. Da mixte sich der elfjährige Frank Epperson aus San Francisco eine Limonade aus Wasser und aromatisiertem Brausepulver, rührte das Getränk mit einem Holzstäbchen im Glas um und stellte es zwecks Abkühlung vor das Fenster. Was passiert aber, wenn man Wasser bei Eiseskälte im Freien stehen lässt? Richtig, die Brauselimonade gefror. Frank hatte über dem Spiel tatsächlich vergessen, dass er sich ein Erfrischungsgetränk hergestellt hatte und es nur kurz abkühlen lassen wollte. Beim Aufwachen fiel im mit Schrecken ein, dass das Limo-Glas noch draußen steht. So holte er das Gefrorene in die warme Wohnstube und beobachtete, was nun geschehe. Das Eis fing im warmen Zimmer nun an, sich vom Rand des Glases abzulösen. Frank nicht auf den Kopf gefallen, kippte den Inhalt des Bechers, inmitten dem noch das Holzstäbchen steckte, einfach um und hielt so das erste Steckerleis in der Hand.

Der erste "Popsicle" (Eislutscher) der Welt war so erfunden worden. Laut historischer Aufzeichnungen soll er köstlich geschmeckt haben. Weshalb auch der Elfjährige seine Erfindung mit zur Schule nahm und die Schleckerei an seine Freunde verteilte.

18 Jahre später, also anno 1923, Frank Epperson war inzwischen selbst Vater geworden, erinnerte er sich an das köstliche Wassereis und ließ auch prompt seinen „Popsicle" patentieren. 1925 verkaufte der Erfinder sein Patent und die Rechte dann an die Joe Loewe Company in New York. Der weltweite Siegeszug des Eislutschers war nun nicht mehr aufzuhalten.

Nun zu Euch. Wisst Ihr eigentlich noch, wann genau und zu welcher Gelegenheit Ihr das erste Steckerleis geschleckt habt? Der neunjährige Marco Frey (Foto) aus Starnberg konnte sich in etwa noch erinnern und hat da mal seine Geschichte aufgeschrieben:

Eis am Stiel lockte Bienen und Wespen an

Mein erstes Steckerl-Eis ist, glaube ich, eine meiner ersten Erinnerungen überhaupt. Ich erinnere mich deshalb so gut daran, weil es ein ganz besonderer Tag war, an dem ich es bekommen habe: Es war nämlich auch der Tag meiner ersten Schiffsreise, einer Schiffsreise über den Starnberger See. Ich war drei Jahre alt, eine Freundin meiner Mama war zu Besuch. Sie hatte ihren Sohn dabei, der hieß Olli und war riesengroß und ungefähr neun Jahre alt – so alt wie ich heute. Dieser Olli bekam von seiner Mutter ein Eis am Stiel. Es war lang und bunt. Also, wenn es stimmt, was meine Mama erzählte, habe ich mich ziemlich aufgeführt, so dass es unangenehm für die anderen Schiffsreisenden war und peinlich für meine Mama. Ich wollte auch so ein Eis, unbedingt, jetzt und sofort. Nicht meine Mama, sondern die Freundin meiner Mama kaufte mir dann ein Eis, genauso eines. Ich habe mich so sehr gefreut. Es war bestimmt das beste Eis, das ich bis dahin jemals gegessen hatte. Aber die Sonne war schneller als ich. An den Rest erinnere ich mich nicht mehr. Meine Mama erzählte, dass ich von oben bis unten gereinigt werden musste, sonst wäre ich mit Sicherheit ein Opfer von Bienen und Wespen geworden. An eines erinnere ich mich aber noch. Der Eisstecken

damals war nicht aus Holz, sondern aus Plastik und hatte die Form eines kleinen, bunten Rohres. So konnte man damit sogar Wasser aufsaugen, wie mit einer echten Spritze und natürlich andere auch kräftig anspritzen. Dieser Eis-Stiel war noch lange mit mir und meinem kleinen Bruder mit in der Badewanne und hat uns viel Spaß gemacht. Das war die Geschichte von meinem ersten Eis am Stiel.

Mein Lieblingsort – eine Wohlfühlhütte auf dem Lande
Von Dinah Schmidt

Es hat ja jeder so einen Lieblingsort. Das ist dort, wo man sich wohlfühlt. Das kann im Hühnerstall, auf der roten Couch oder einfach nur beim Nachbarn in dessen Raritätenhütte sein. Wie zum Beispiel die 16Jährige Dinah. Sie hält sich zwar zum einen gerne im nachbarlichen Kuhstall auf, doch auf Einladung von Manfred Lischka tat sie auch einmal einen Blick in dessen Sommerhäuschen … und war begeistert. Dinah zeichnete nicht nur ein Bild, sondern schrieb auch eine kleine Geschichte dazu:

„Herr Lischka fuhr zur Weihnachtszeit auf einen Weihnachtsmarkt nach Niederbayern in eine Westernstadt. Er war da schon öfters zu dieser Zeit und immer dann, wenn er dort war, hat er sich zwei bis vier Hexen mit nach Hause genommen. Durch Zufall ist er drauf gestoßen, und hat sich dann gedacht, er nimmt die Hexen mit und macht die Hütte fast voll damit.

Inzwischen hat er ungefähr 25 Stück. Wenn dann am Abend in seiner Hütte auch noch die Kerzen leuchten, sieht es sehr gespenstisch aus. Er fühlt sich aber wohl bei seinen Hexen, und er sammelt auch noch Heinzelmännchen und andere Sachen. So ist es einfach gemütlich, eine Wohlfühlhütte mit Kerzenlicht und schöner Musik."

Manni in seiner gemütlichen Wohlfühlhütte

Ja, und das ist Manni Lischka. Er hat sich in Schlagenhofen einen Kindheitstraum erfüllt. Wohin Ihr auch in seiner kleinen Hütte schaut, findet Ihr Gruseliges, Historisches, Wundersames und Bezauberndes. Seine große Liebe aber gehört außer den Hexen und Heinzelmännchen einem ganz besonderen Auto: Manni Lischka ist, seit er Denken kann, ein begeisterter Manta-Fahrer. Woher das Interesse für Oldtimer, generell aber für jede Art von fahrbarem Untersatz kommt, ist leicht zu erklären.

Im Jahr 1964 in Fürstenfeldbruck geboren, wurde dem heute 57Jährigen die Liebe zu Autos bereits in die Wiege gelegt. Der Papa Johann Lischka war Werkstattmeister in Mammendorf und „Manni" von Kindesbeinen an mit dem Papa mit dabei. 1987, bereits ein erfahrener Kfz-Mechaniker, ist er dann mit Ehefrau Doris nach Schlagenhofen auf einen Bauernhof gezogen. Das war der Beginn zahlreicher „Kuschel- und Gruschecken", die sich im Laufe der Jahre mit über tausend Raritäten füllten. Da gibt es rund 20 Hexen in unterschiedlichen Aufmachungen, daneben einen Bierkrug mit dem

Konterfei von Franz Josef Strauß. Seltene Hefte mit alten Schlagertexten, eine Sammlung von Bravo-Magazinen, Zinnsoldaten, einer Modell-Rennbahn und eine modellierte Mini-Waldschänke sowie einen Stapel von Blech- und anderen Werbe-Plakaten, vorwiegend aus dem Bereich Motor-Sport. „Wenn ich hier in meiner Wohlfühlhütte sitze und mich an meinen Sammelstücken erfreue, ist es für mich wie ein Ausflug in eine gemütlichere Zeit, ohne Stress und ohne Handys", schwärmt der Manni.

Fernsehstunde auf dem Lande

Die Liebe zum Golfspiel entdeckt
Von Thomas Kirmair

Kennt ihr den kleinen Tiger? Der, der mit dem Bär und der Tigerente nach Panama reisen will? Zauberhaft dieses Kinderbuch aus der Feder von Janosch. Findet Ihr nicht auch? Manchmal ist ein Tiger nämlich gar nicht wild, sondern einfach nur abenteuerlustig. So, wie Tiger Woods. Der kommt nicht aus dem Wald und auch nicht aus dem Zoo, der ist ein Mensch und spielt einfach nur unglaublich gut Golf. Deshalb ist er auch der beste Golfspieler, den es je gegeben hat. Sämtliche Rekorde, die man im Bereich Golf einheimsen kann, hat der Tiger Woods bereits gewonnen.

Mit Golf habt Ihr wahrscheinlich bisher so gar keine Erfahrungen gemacht. Oder? Eher mit Fußball, Tennis, Handball, Basketball, Reiten, Skifahren und Tanzen? Warum aber eigentlich nicht auch mal Golf? Mit einem Schläger einen Ball richtig weit schlagen. Volle Kanone. Es wird Euch gefallen, wenn ihr die Kugel gen Himmel donnert. Wie eine Rakete fliegt sie durch die Luft. Irgendwann, wenn sie wieder landet, muss sie ins Loch – und dies muss mit möglichst wenig Schlägen erreicht werden. Mini-Golf kennt ihr doch. Jetzt stellt euch vor, nicht nur auf einer kleinen Bahn Bälle zu schubsen, sondern in freier, weiter, wilder Natur. Dort, wo Hasen, Rehe und Greifvögel wohnen. Golfplätze sind nämlich die reinsten Paradiese. Zwischen bunten Blumenwiesen, Wäldern, Teichen und Bachläufen.

Dass ich irgendwann einmal Golf spielen würde, daran hatte ich in jungen Jahren nicht gedacht. Profi beim FC Bayern wollte ich werden. Oder Pilot. Was Cooles eben. Aber Golf? Das ist doch was für alte Leute. Dachte ich. Mehr reizte mich natürlich der Fußball. Ich war so um die elf, zwölf Jahre alt, als ich mit einem Kassettenrekorder – kennt Ihr heute gar nicht mehr - privat meine ersten Fußballspiele kommentierte und aufnahm. Da stand für mich fest: Ich werde Reporter. Was ich dann auch wurde und mittlerweile für verschiedene Zeitungen und Magazine geschrieben habe. Nun aber zurück zu meiner plötzlich entflammten Liebe zum Golf – nachdem ich als Basketballer und Eishockey-Crack ziemlich erfolgreich war.

Es ist zwar schon einige Jahrzehnte her, doch ich weiß es noch, als wäre es erst gestern gewesen. Da lag er vor mir, dieser kleine weiße Golfball. Auf einem Tee ist er gelegen. Ein Tee im Golf ist übrigens kein Heißgetränk, sondern ein Steckerl aus Holz oder Plastik, das in der Wiese steckt – drum heißt es ja Steckerl - und auf welches der Golfball gelegt wird. So wird die kleine Kugel fixiert, rollt also nicht von alleine weg, um sie dann mit dem Schläger besser treffen zu können und sie mit Schwung kilometerweit in Richtung Horizont abzuschlagen. Versucht es mal, informiert Euch im Internet, wo in Eurer Nähe ein Probe-Training möglich ist. Ihr werdet begeistert sein. Dazu kommt, dass Ihr viele Stunden in freier Natur verbringt, was der Gesundheit guttut und viele lustige Spiele mit- und gegen einander organisieren könnt. Und noch etwas – in Nullkommanix verbessert Ihr die drei berühmten „K's": Konzentration, Koordination und Kreativität. Und das wirkt sich mit Sicherheit positiv auf Eure Noten in der Schule aus. Ihr werdet sehen: Der Erfolg kommt von ganz alleine. Ihr müsst einfach nur am „Ball" bleiben. Fragt doch mal im Freundes- oder Bekanntenkreis nach. Vielleicht findet sich ja jemand, der mitmacht. Dann seid Ihr der kleine Tiger und Euer Mitspieler ist der Bär. „Oh wie schön ist Panama" - und Golfspielen sowieso. Wetten, dass?

Thomas Kirmaier ist 43 Jahre jung, Papa von zwei Kindern, Paul (7) und Helene (12), ein begeisterter Golfspieler sowie Gründer und Chefredakteur der Golfzeitung Grünland.

Der Golf-Club Starnberg – die Jugend und der Bucentaur

Einer der schönsten Golfplätze liegt da, wo er gar nicht vermutet wird. Versteckt, etwas abgelegen, auf dem Lande, inmitten einer traumhaft schönen

Landschaft nahe dem Starnberger See. Oder vielmehr, über dem Starnberger See. Die Jugendarbeit ist ein wesentlicher Bestandteil des Golf-Clubs. Dazu gehört die Nachwuchsförderung sowie ein abwechslungsreiches und auch sinnvolles Clubleben für Kinder und Jugendlich zwischen fünf und 18 Jahren. Außerdem bietet der Golf-Club diverse Feriencamps für Kinder und Jugendliche in den verschiedenen

Leistungsgruppen an. Ihr könnt' überlegen, ob es für Euch lediglich ein intensives Training zur Leistungssteigerung im Kreis gleichgesinnter junger Menschen werden soll oder aber der Start einer Golfkarriere durch das Erlangen des Golfabzeichens für Kinder und Jugendliche.

Spannend hört sich die Geschichte an, die hinter dem Wappen des Golfclubs steht. Ein stolzes Schiff, der berühmte „Bucentaur", ist darauf zu sehen; im Hintergrund aber ist das Schloss Starnberg zu sehen. Wie der Club zu diesem Wappen gekommen ist, erzählt Helmut Wagner. Der 77Jährige Landwirt ist Verpächter des weitläufigen Areals in Hadorf, auf dem früher einmal Jungvieh graste und auf dem auch Ackerbau betrieben wurde. Seit über 30 Jahren aber wünscht man sich dort – „Schönes Spiel!". Das sagen die Golfer untereinander, weil es höfliche Menschen sind.

„Gegründet wurde der Club am 2. Mai 1986. Und weil wir in einer besonders schönen Gegend beheimatet sind und bei uns auch besondere Menschen arbeiten und wohnen, wollten wir auch ein besonderes Wappen für unser Logo", erzählt Helmut Wagner (Foto, 77). Als Vorlage dienten historische Ereignisse, die sich laut Überlieferung auf und rund um den Starnberger See zugetragen haben. „Wir blätterten in den Geschichtsbüchern zurück bis ins 17. Jahrhundert. Und da stießen wir auf die Geschichte des Bucentaur", freut sich Wagner. Zu jener Zeit, das ist immerhin schon über 300 Jahre her, war es seitens der Reichen, der Mächtigen und der Schönen Sitte, auf dem See, der damals noch

Würmsee hieß, und rund um den See aufwendige und prunkvolle Feste zu veranstalten. Im Mittelpunkt solcher Festivitäten aber stand der „Bucentaur", ein 29 Meter langes Prunkschiff, für das über hundert Ruderer notwendig waren, es vom Fleck weg zu bewegen.

Es war Kurfürst Ferdinand Maria von Bayern, genannt der Friedliebende, der 1662 als Dank für die Geburt des Thronfolgers Maximilian II. Emanuel nicht nur Schloss Nymphenburg und die Theatiner-Kirche in München in Auftrag gab, sondern italienische sowie hiesige Schiffsbauer anwies, ihm nach venezianischem Vorbild ein Prunkschiff für den Starnberger See zu bauen. Bei großen Anlässen waren bis zu 500 Gäste sowie Dienstpersonal an Bord, die es sich bei gutem Essen, Musik und Tanz  gut gehen ließen. Eskortiert wurde der „Bucentaur" von einem stattlichen Gefolge an Begleitbooten. Zum einen fuhr da ein Küchenboot sowie ein Boot mit Dienstboten und Musikanten neben dem fürstlichen Prunkschiff einher. Eine logistische Meisterleistung, die damals alleine zum Vergnügen des Adels erfüllt wurde.

Im Jahr 1671 zum Beispiel gab es ein Fest, das seinesgleichen sucht und in die Geschichtsbücher eingegangen ist. Vergleichbar nur noch mit dem heutigen Oktoberfest in München. Anstelle von Bierzelten, Schießbuden und Karussells jedoch gab es nicht nur auf dem See, sondern auch drum herum organisierte Hirschjagden, sportliche Turniere, Feuerwerke, Festessen,

Theater-Schauspiele sowie Opernaufführungen - und das durchgehend 18 Tage lang.

Ihr könnt Euch gar nicht vorstellen, was da los war. Damit die vornehmen Hofgesellschaften aber erst einmal nach Starnberg kamen – es gab ja noch keine Autos und auch keine Eisenbahn – wurde eigens ein Fahrweg zwischen München und Starnberg angelegt. Fürstenweg nannte man diese Straße, auf der dann prunkvolle Pferdekutschen ihre adeligen Fahrgäste zum Starnberger See transportierten. Damit ihnen aber keine anderen Fuhrwerke – unter anderem der ansässigen Bauern - in die Quere kamen, und die feine Gesellschaft wohlbehalten in Starnberg aussteigen konnten, wurden sämtliche Seitenwege für Stunden durch Schranken gesperrt.

Fliegenden Autos und hungrige Ratten

Zugegeben, die Gemeinde Gilching gehört nicht unbedingt zu den Orten im Landkreis Starnberg, die als Fremdenverkehrsort und Anziehungspunkt für Touristen gepriesen werden. Kein See, außer dem Baggersee vom Jais, und auch sonst fällt mir nix ein, was ich Euch jetzt für einen Ferienaufenthalt empfehlen könnte. Dafür hat sich die Gemeinde im Laufe der  letzten Jahrzehnte aber zu einem attraktiven Wirtschaftsstandort entwickelt, auf dem sich international bekannte Firmen – zum Beispiel innerhalb des ASTO-PARKS - sowie interessante Institute angesiedelt haben. Sie stehen unter anderem für weitreichende Forschungen und Entwicklungen in den Bereichen Luft- und Raumfahrt.

Deshalb wird Euch schon bald eher ein fliegendes Auto (im Foto ein Prototyp der Firma Lilium) über den Köpfen schwirren, denn eine putzige Ratte zwischen den Beinen durch switchen. Die klugen Langschwänze gibt es zwar noch, aber sie scheuen die Menschen und verstecken sich dort, wo sie ausreichend Nahrung finden, unter anderem in den Getreidespeichern der Bauern, aber auch sicher vor uns Zweibeinern sind. Wie anders war das doch noch Anfang des 20sten Jahrhunderts. Angefangen hat die Entwicklung der Gemeinde vom Dorf zu einem städtischen Ambiente im Jahre 1903 mit der Eröffnung Eisenbahnbahnstrecke Pasing-Herrsching. Um damals von A nach

B zu kommen, also vom Bahnhof Gilching-Argelsried bis zur Unterführung Starnberger Weg, mussten die Reisenden das Bahnwegerl entlang der Bahngleise nehmen. Weniger die Einheimischen gehörten zu den Nutzern der Eisenbahn, es waren vielmehr die Städter, die nach dem Bau der Eisbahn für sich das Land entdeckten. Für findige Grundstücksbesitzer damals eine gute Gelegenheit, Geschäfte zu machen und erholungssuchenden Münchnern ein Grundstück für ein Wochenendhäuserl oder gar ein Häuschen als Alterswohnsitz zu verkaufen. Peu a peu verschwand so der Wald zwischen der Landsberger Straße und dem Unterbrunner Holz an so genannte Wochenendausflügler.

Lebensmittel per Postkarte bestellt

Eine neue Siedlung – die Waldkolonie - entstand. Um aber versorgt zu sein, schickten die Städter anfangs der Woche eine Postkarte mit einer Aufzählung der benötigten Lebensmittel an den örtlichen Kramer, der zufällig auch Krammer hieß. Der Sohn der Kramerin, Hans Krammer (Gelebt von 1919 bis 2009; von 1956 bis 1972 Bürgermeister von Gilching), lieferte die Ware pünktlich am Wochenende an die Ausflügler aus. Um aber nach der Bahnfahrt aus München schnellstmöglich in ihre neuen Wohnbehausungen zu gelangen, nahmen die „Neugilchinger" nicht den eigentlichen Weg über Römer- und Landsberger Straße, sondern stapften samt Kind und Kegel und viel Gepäck auf einem ausgetretenen Trampelpfad entlang des Bahngleises – das heutige Bahnwegerl - Richtung Waldkolonie.

Hungrige Ratten begleiten Reisende

Ärger wegen unfreiwilligen Begleitern am Bahnweg gab es nach Ende des Zweiten Weltkriegs. Gilching zählte mittlerweile 1500 Aus- und Einpendler - täglich. Der notdürftig als Trampelpfad hergerichtete und unbeleuchtete Bahnweg aber hielt der Belastung nicht mehr stand. Gruselig war es insofern, als dass es sich in der Kiesgrube entlang des Weges, der Kies wurde für den Bau des Bahndamms entnommen, tausende von Ratten heimisch gemacht haben. Ein grusliges Spießrutenlaufen für diejenigen Menschen, die nächtens oder gar in der frühen Morgendämmerung vorbei an den ganz und gar nicht scheuen Nagern mussten. Wer nicht aufpasste, hatte so ein Tier am Hosenbein hängen.

Erst 1959 ging der Bahnweg in das Eigentum und damit auch in die Verantwortung der Gemeinde über. Inzwischen ist die Eisenbahn eine S-Bahn geworden und eine zweite Haltestelle, „Neu-Gilching", ist dazu gekommen.

Der mittlerweile asphaltierte Trampelpfad aber erinnert schon lange nicht mehr an den früheren Zustand. Und dort, wo in der Kiesgrube einst die Ratten ihr Unwesen trieben, ist heute eine 15 Hektar große landwirtschaftliche Fläche, auf der längst der Bau von Wohnungen für rund 1800 Menschen geplant ist. Zwar sollen sich derzeit entlang des Bahnwegerls anstatt der Ratten kleinere Feldmäuse die Zeit vertreiben. Wird doch ihre natürliche Nahrung mittlerweile durch Wohlstandsmüll wie Reste von Pizzas und Hamburgern ergänzt. Von einer Ratten- oder gar Mäuse-Plage aber kann heute nicht mehr die Rede sein.

Meinen Heimatort will ich mitgestalten
Vom Schulverweigerer zum erfolgreichen Unternehmer

Nein, an die Begleitung durch Ratten am Bahnwegerl kann sich Wolfgang Scherbaum nicht mehr erinnern. Dazu ist er zu jung. Im Jahr 1981 geborgen liegt die Kindheit noch gar nicht so lange zurück. Heute, erfolgreicher Unternehmer, räumt er ein, dass es mit ihm als Kind nicht gar so einfach gewesen sei. „Ja lange stand nicht fest, was aus mir mal werden soll. Leider war ich ein sehr schwieriges Kind und bin auch zweimal von der Schule geflogen", erzählt er freimütig. Aufgewachsen auf einem großzügigen landwirtschaftlichen Anwesen zwischen Altdorf und Wiesmath standen ihm und seinen zwei Geschwistern aus Kinderaugen beobachtet die ganze Welt offen. „Undenkbar in der heutigen Zeit, aber wir waren stundenlang alleine unterwegs. Kein Mensch hat sich da gesorgt darum, dass uns was passieren könnte. Es gab außerdem noch keine Handys, weshalb wir auch nie erreichbar waren. Mit unseren Nachbarn, den Zankl-Buam, ham mi uns im Saustoi gsuhlt oder mia warn im Woid und ham Räuber und Gendarm gspuit. Das kennen die heutigen Kinder gar nicht mehr. Was ich sehr schade finde."

Im so genannten Flegelalter angekommen fühlte sich der 15Jährige Wolfgang dann völlig losgelassen, so wie es halt damals bei vielen Teenagern der Fall gewesen war. „Ich fand einfach das Feiern schöner und das Nachtleben viel spannender, als die Schule. Außerdem hatte ich ständig Ärger, weil ich immer wieder Partei für meine Freunde ergriff, egal ob sie im Recht waren oder nicht. Ich vertrat ihre Meinung. Deshalb stritt ich auch viel mit den Lehrern, was man nicht tun sollte. Das war auch der Grund, warum ich zweimal die Schule verlassen musste." Schluss damit war, als ihn die Eltern Oswald und Maria-Magdalena Scherbaum vor die Wahl stellten, Banklehre oder Abitur? „Ich machte mein Abitur, studierte Betriebswirtschaft und fing als Diplom-Kaufmann beim Logistik-Unternehmen Reichhart an. Das war das Beste, was mir passieren konnte. Meine Zeit bei Reichhart war prägend für meinen weiteren beruflichen Werdegang."

Entscheidend sei dann das Jahr 2010 gewesen. „Gilching im Speckgürtel von München war für mich nicht sonderlich attraktiv. Deshalb überlegte ich, mit meiner Familie wo anders hin zu gehen. Da ich aber mit Manfred Walter als Bürgermeister einen guten Kontakt hatte und als er mir dann das

Entwicklungspotential von Gilching aufzeigte, entschied ich, zu bleiben, das Unternehmen vom Papa zu übernehmen und meinen Heimatort so gut als möglich mitzugestalten." Die Entscheidung hat Wolfgang Scherbaum nicht bereut. „Gilching ist in den letzten Jahren jünger geworden, aber auch die Ansprüche der Bürger sind gewachsen. Es ist ein interessantes Spannungsfeld, innerhalb dem das Arbeiten Spaß macht. Als Ein-Mann-Unternehmen kümmert sich Scherbaum zudem darum, Grundstücke zu entwickeln, attraktive Häuser zu bauen und zudem Wohnraum zu schaffen.

„Mir ist es wichtig, mit meinen Mietern und auch Geschäftspartner persönlichen Kontakt zu haben und für ein gutes Miteinander zu sorgen." Deshalb sieht man den heute 39Jährigen auch öfters Mal im neuen italienischen Treff namens „Giulias Aperibar" Gäste bedienen oder einen Cappuccino zuzubereiten. „Als ich die Idee für das neue Geschäftshaus an der Ecke Rathaus-/Römerstraße hatte, hatte ich mir auch einen Traum erfüllt. Ein Tagescafé mit italienischem Flair. Dass es so gut eingeschlagen hat, freut mich und deshalb macht es mir auch Spaß, wenn mal Not am Mann ist, der Giulia zur Hand zu gehen und beim Service mit einzuspringen."

Der Goldmacher Franz Tausend

Kennt auch Ihr Menschen, die den Hals nicht voll bekommen? Gier, nennt man das. Endlose Gier. Und wo jeder giert, kämpft auch jeder gegen jeden. Ein jeder ist sich selbst der nächste. Dass dies über kurz oder lang schief gehen wird, weiß man – eigentlich. Dennoch gibt es immer wieder Menschen, die nur dadurch mit betrügerischen Methoden zum Erfolg kommen, weil sie von anderen gierigen Menschen umgeben sind und unterstützt werden. Jüngstes Beispiel „Wirecard". Hier war die Gier der Anleger und Befürworter so groß, so dass jegliche Vorsicht außer Acht gelassen wurde. Nun wird wegen Betruges im großen Stil ermittelt. Betrügereien aber gibt es, seit es Menschen gibt. Scharlatane nannte man sie früher. Einer dieser Spitzbuben, die in die bayerische Kriminalgeschichte eingegangen sind, war der Goldmacher Franz Tausend (Foto). Heute erinnern nur noch die Menschen an ihn, deren Vorfahren auf den gewieften Chemiker hereingefallen sind oder aber die Menschen, die am Goldmacherweg in Gilching wohnen. Dort, wo einst Franz Tausend sein Labor hatte.

Unbestritten ist, dass der gebürtige Schwabe – 1883 in Krumbach im Allgäu als Sohn eines Spenglers geboren – ein leichtes Spiel hatte, Geldgeber für seine Geschäftsidee zu finden. Wie genau er es machte, ist nie so richtig herausgekommen. Doch er schaffte es, im Beisein von hochrangigen Zeugen aus nicht wirklich identifizierbaren Ingredienzien Gold zu machen. Gestartet war

Franz Tausend in einem Labor in Obermenzing. Im Herbst 1924 erschien in einer Münchner Zeitung folgendes Inserat:

"Kapitalisten finden Gelegenheit zur Beteiligung. Große Gewinne werden garantiert. Offerten an die Expedition."

Jetzt frag' ich Euch mal ganz ehrlich. Wenn Ihr Kapitalist wäret, also ausreichend Kapital hättet, um ein schönes Leben zu führen, möchtet Ihr Euch da  noch durch eine Beteiligung an einem unsicheren Unternehmen beteiligen? Dann frag' ich mich natürlich auch, wenn ich als Tausend in der Lage wäre, aus Nichts Gold herzustellen, für was brauche ich da noch Kapitalisten? Ihr seht schon. Unlogisch von hinten bis nach vorne. Doch Tausend schaffte es tatsächlich, hochrangige Geldgeber zu finden. Darunter unter anderem den Fabrikanten Mannesmann sowie General Erich Ludendorff, der ab 1926 durch die Heirat mit Mathilde Spieß in Tutzing zu Hause war.

Am 1. Juli 1925 kam ein Vertrag der „Gesellschaft 164" zwischen Ludendorff und Tausend zustande. Ziel war die Produktion von Gold. Tausend hatte zudem erklärt, dass seine Erfindung nicht einzelnen reichen Leuten, „sondern dem deutschen Volk nutzbar gemacht werden sollte". Durch die Vermittlung eines Gilchinger Bürgers richtete sich Tausend am Steinberg 123 ein Geheimlabor ein (Illustration). Allein Ludendorffs Anwalt Schramm finanzierte das Labor mit 30.000 Mark. Es kam, wie es kommen musste. Da Tausend auch wegen anderer Betrügereien gesucht wurde flog gleich auch noch der Goldmacher-Schwindel mit auf. 1929 wurde er verhaftet und vor Gericht gestellt.

Die Münchner Neuesten Nachrichten kommentierten den Fall noch vor Beginn des Prozesses folgendermaßen: „Dass im 20. Jahrhundert ein Mann durch die Behauptung, er könne Gold machen, gebildete und reiche Leute um ihr Vermögen prellen kann, dass will manchem nicht in den Kopf, und doch haben wir Beweise genug, dass die Dummheit einen Freibrief durch alle Jahrhunderte besitzt und dass sie nie dreister ihre Opfer suchte, als in aufgeklärten und eitlen Zeiten. In den Tagen rücksichtsloser Raffsucht hat den Betrügern schon immer der Weizen geblüht. Wo alle ernten wollen, was sie nicht gesät haben, ernten die Gauner am meisten. Nun kommt in diesem 20. Jahrhundert dazu, dass ein gefährliches Halbwissen in den Köpfen spukt, dass Naturgesetze, die für die Ewigkeit gültig schienen, durch neue Forschungen tatsächlich verändert worden sind."

Tausend aber wurde wegen versuchten und in sich fortgesetzten Betruges zu drei Jahren und acht Monaten Gefängnis verurteilt. Nach seiner Entlassung im Jahr 1933 verschwand er sang- und klanglos. 1942 sei Franz Tausend dann in Schwäbisch-Hall verstorben. Doch nix gwieß weiß man halt nicht. Einzig der Goldmacherweg in Gilching erinnert heute noch an den verhinderten Goldmacher.

Ein Bürgermeister mit Herz für Kinder
Zu Besuch bei Wolfram Gum

Wolfram Gum, ein Name, der weit über die Grenzen Seefelds hinaus bekannt ist. Bis zur Kommunalwahl 2020 war er Bürgermeister von Seefeld. Einer, der beliebt war, der den Draht zum Volk hatte, insbesondere aber auch zuhörte, wenn ihm Kinder etwas erzählten oder einen Wunsch äußerten. 30 Jahre lang war er im Dienst. Als er 1990 antrat, zählte er gerade einmal 35 Lenze und durfte sich jüngster Bürgermeister im Landkreis nennen. Als er mit 64 Jahren aufhörte, war der Dienstältester. Wolfram Gum hat aber nicht nur „durch eine geschickte Ansiedlung mittelständischer Unternehmen eine blühende und finanziell erfolgreiche Gemeinde geschaffen", so das Magazin Führungsmanager. Er wurde außerdem Mitte der 90iger Jahre in der deutschen Presse wie auch im Fernsehen als einer der beliebtesten Bürgermeister Deutschlands beschrieben. Damit aber nicht genug. Als Profi-Gitarrist (Blues, Rock, Bluegrass und Rock'n'Roll) gründete er zudem die Bürgermeister-Band „Doktor SchiWaGu", die, wann und wo es auch möglich war, für soziale und kommunale Zwecke auftrat. Gum war es auch, der über ein Benefiz-Konzert die Initialzündung für den Verein Kinderinsel gab, der sich seither um in Not geratene Familien und schwer kranke Kinder kümmert.
Selbstverständlich hatte auch ein Bürgermeister einmal Kindheitsträume. „Ja, klar. Als Kind wollte ich Dampfwalzenführer werden", erzählt Gum. „Ich fand es faszinierend, dass ein einzelner Mensch so eine riesige Walze bewegen kann und dann auch noch feinfühlig einen Straßenbelag aufbringt." Der Berufswunsch änderte sich schlagartig im so genannten Teenager-Alter. „Ich wollte unbedingt bei den Mädchen ankommen. Und wer seinerzeit bei

seinem Schwarm ankommen wollte, musste mindestens Gitarre spielen können", erinnert sich der Vater einer 20Jährigen Tochter und eines 18Jährigen Sohnes. „Bis ich allerdings einigermaßen passabel spielen konnte, war die Angebetete längst aus meinem Blickfeld verschwunden." Das Mädchen war

weg, die Gitarre aber ist geblieben. Weshalb Gum jetzt auch im so genannten Rentneralter nicht notgedrungen vorhat, sich ums Rasen mähen und Hecken schneiden zu kümmern. Nein, nebenher ist der gelernte Jurist auch noch als Rechtsberater tätig – und, falls es die Zeit zulässt, will er wieder eine neue Band gründen. „Falls ich überhaupt noch dazu komme, weil ich jetzt noch weniger Zeit habe, als früher. Das kennt man ja, Rentner haben nie Zeit."

Bevor Wolfram Gum übrigens seinen Schreibtisch im Seefelder Rathaus räumte, bekam er überraschenden Besuch von Aylin, Dinah, Raffael und Zoe. Die Viererbande kennt ihren Bürgermeister von verschiedenen Veranstaltungen her, insbesondere traf man sich jedes Jahr auf den Kinderfaschingsbällen im Seefelder Schloss. Anlässlich des Abschiedsbesuches im Rathaus jedoch war keine Faschingsgaudi, vielmehr Gums Zeichen- und Erzählkünste gefragt. Ach ja, das Kinderbuch, aus dem Wolfram Gum vorgelesen hat, durfte die Rasselband selbstverständlich mit nach Hause nehmen… „Da denke ich dann immer an unseren Bürgermeister", versprach Aylin.

Von der Backstube per PS in den Kreißsaal

Zwar kein Bürger-, dafür aber ein erfolgreicher Bäcker- und Konditormeister ist Nikolaus Reis IV. Vierte deshalb, weil es schon einen dritten, zweiten und auch ersten gab. Und alle hießen Nikolaus Reis und waren Bäcker- und Konditormeister. Die Firmengeschichte geht nämlich zurück bis ins Jahr 1903 mit der „Handlung von Centa Reis", die Ehefrau des ersten Nikolaus Reis I. Aus dem kleinen „Tante-Emma-Laden" an der Münchner Straße im damals noch selbstständigen Ortsteil Argelsried – die Waren wurden übrigens mit einem Leiterwagerl ausgefahren, das von einem Bernhardiner gezogen wurde, entwickelte sich im Laufe von über 100 Jahren ein Familienimperium mit etlichen Filialen und Cafés. Zurück aber zu Nikolaus Reis IV., der am 21. August 1957 geboren wurde. Und darauf wollen wir ja hinaus.
„Ja, die Geschichte meiner Geburt wurde mir immer wieder erzählt", erinnert sich der heute 63Jährige." Damals gab es im Herrschinger Ortsteil Wartaweil, also direkt am Ammerseeufer, noch eine Entbindungsstation. Und dorthin musste der Papa Nikolaus III. seine hochschwangere Ehefrau Erika wegen der Geburt fahren. Seinerzeit war das aber noch so, dass um Geburten herum nicht so viel Getöse gemacht wurde, wie heute. Der Papa sei noch in der Backstube gewesen, es war Hochbetrieb, die Mama aber war mit Hausarbeiten beschäftigt, als die Wehen losgingen. In Windeseile sei der Papa damals mit einem Lieferwagen der Marke „Hanomag" nach Wartaweil gefahren, habe die Mama am Kreißsaal abgegeben und gesagt: „Schick' di, i muaß wieda hoam. D'Arbeit wartet." Es sei auch relativ schnell gegangen, das mit der Geburt. Zuhause mit dem Neugeborenen angekommen, sei die

Mama mit ihm am Arm sofort in die Backstube gegangen, habe seinen kleinen Finger ins Mehl getaucht, ihm dann in seinen Mund gesteckt und gesagt: „Dass'd fei glei woaßt, dass du amoi a Bäcker wirst." Weshalb Nikolaus Reis IV. auch gar nie nicht etwas anderes werden wollte.

(Auf dem Foto Papa Nikolaus III. mit Nikolaus IV. auf dem Arm in der Backstube.)

Auch an seine Schulzeit erinnert sich Nikolaus IV. noch. Die ersten drei Klassen ging er in die Schule gleich nebenan. Ab er vierten Klasse wechselte er in die Volksschule beim alten Rathaus (heute Mittelschule).

„Erlauben hast dir da nix dürfn. Wir hatten den Schicht Rudi, der auch Rektor der Schule war. War man in seinen Augen nicht folgsam, ist sofort die Kreide geflogen. Und der Schichte konnte gut zielen. Deshalb waren wir damals alle sehr brav. Weil, zuhause erzählen durfte man es nicht, dass einem der Schicht die Kreide an den Kopf geworfen hat. Bestenfalls hast auch da noch a Watschn gegeben."

Über eine Geschichte aber kann Nikolaus sen. heute noch lachen. „Ich musste zwar als Kind viel arbeiten, aber meine Eltern waren immer gerecht. Außerdem sind wir damals schon regelmäßig im Winter zum Skilaufen in Urlaub gefahren." Während die 12Jährige Schwester Angelika bereits einen Kneissl-Ski aus Kunststoff hatte, musst er als Zehnjähriger immer noch auf seinen vererbten Holzbrettln fahren.

„Das fand ich total ungerecht, weil ich auch lieber moderne Skier gehabt hätte." Ja, und da griff seiner Meinung nach eine höhere Macht ein. „Wir waren zum Skiurlaub in St. Johann in Tirol. Schon bei der ersten Abfahrt hat es mich so dabräselt, dass von meinen Skiern nur noch Holzstückerl übergeblieben sind. Meinen Eltern blieb also gar nichts anderes übrig, als mir neue Kneissl-Ski zu kaufen. Die Gerechtigkeit hat gesiegt."

Heute genießt Papa Reis (Foto rechts), wie er liebevoll von vielen seiner Kunden genannt wird, mit Ehefrau Christine – die er bereits seit der Schulzeit kennt – seinen Ruhestand.

Die Traditions-Bäckerei in Argelsried und auch die Filialen hat er zwar schweren Herzens aufgegeben. Lediglich die zwei Cafés im Gewerbepark Gilching Süd sowie in Gilchings Ortsmitte sind in der Hand der Familie Reis geblieben. Nicht in Papa Reis' Hände, sondern jetzt in Obhut von Nikolaus Reis V. Der fünfte in der Reihe der Familien-Dynastie ist 1981 geboren, erlernte ebenfalls das Bäcker- und Konditorhandwerk, hat sich aber im Wandel der Zeit komplett auf die Geschäftsführung der zwei Cafés konzentriert.

Via Julia um eine Attraktion reicher

von links: Museumsleiterin „Schichtwerk" Annette Reindel, Graffitikünstler „Loomit" (sitzend) sowie Andreas Wening und Manfred Gehrke vom Verein Zeitreise

Der erste grafisch gestaltete Tunnel auf der so genannten „Via Julia" ist eingeweiht. Im Beisein von zahlreichen Festgästen wurde er am Freitag, 18. September 2020, feierlich eröffnet. Initiatorin und treibende Kraft dieses Projekts war und ist Annette Reindel, die sich mit ihrem Team innerhalb des Vereins Zeitreise seit Jahren auf Spurensuche macht. Egal auch, ob es um tausend Jahre alte Skelette entlang der Römerstraße, um Grabbeigaben oder um historisches Handwerksgerät geht, Reindel und ihr Team sind stets rechtzeitig vor Ort, um die Reliquien zu sichern. Zu sehen sind sie zum Teil im 2017 eröffneten Museum Schichtwerk. Fündig wurde man auch beim Bau der neuen Umgehungsstraße von Gilching. Eine wahre Fundgrube für Archäologen. Neben zahlreichen Gräbern und Knochenfunden waren es Grabbeigaben, die weitere Einblicke in die Zeit unserer Vorfahren gaben. Insbesondere haben es dem Verein Radwanderwege angetan, deren es bereits etliche gibt, entlang derer Hörstationen über die jeweiligen Routen informieren. Highlight ist seit einigen Tagen der erste Zeitreise-Tunnel. „Unser Projekt

Zeitreise-Tunnel steht exemplarisch für Epochen, die an jedem anderen Ort in unserem Voralpenraum entlang der Römerstraße stattgefunden haben können", erklärte Reindel. Weshalb diese erste, wissenschaftlich

recherchierte und innerhalb des Tunnels künstlerisch umgesetzte Epoche überregionale Bedeutung hat. Für Spaziergänger und Radfahrer sind die überdimensionalen Szenen innerhalb und außerhalb des Tunnels, unter anderem „Kilti", dessen Gebeine im Museum aufbewahrt sind und der nun stolz auf einem Pferd zu sehen ist, frei zugänglich. Über eine Hörstation wird zudem die Geschichte dazu erzählt. „Kilti" beispielsweise war zwischen 19 und 23 Jahre alt und hat zwischen 660 und 680 n. Chr. gelebt.

Bei der „Via Julia" handelt es sich um einen überregionalen Fernradwanderweg, der von Günzburg über Gilching bis nach Salzburg führt. Für die künstlerische Umsetzung der Street-Art in zwölf Stationen auf rund 65 Quadratmetern stehen die Künstler „Loomit" (Mathias Köhler) sowie der Gilchinger Melander Holzapfel (Lando) und seine „Funky Fresh Graffiti Agentur".

(Zum Foto oben: Bei der Einweihung mit dabei war Wolfgang Rapp als alter Römer, der das Horn blies)

Selten ein Schaden, wo nicht auch ein Nutzen

Von einem ganz besonderen Menschen will ich Euch erzählen. Von einem gebürtigen Weßlinger, dem bereits bei der Geburt einige Stolpersteine in die Wiege gelegt wurden. Doch anstatt darüber zu stolpern, hat der heute 63Jährige Claus Angerbauer alle Energien gebündelt und ist über die am Weg liegenden Hürden sportlich gesprungen. „Einfach war es nie", sagt Claus Angerbauer. „Aber, wer will es denn schon einfach haben im Leben?"

Der Alltag ist für ihn insbesondere seit Corona anstrengend geworden. Kontaktsperren, Maskenvorgaben und Abstandsregeln schränken derzeit aller Leben ein. Was aber macht ein blinder Mensch, der individuelle Vorschriften weder lesen noch Abstandregeln einhalten kann? Angerbauer erzählt darüber und auch aus einer Zeit, als es anfing, dass er blind wurde.

Nur kurz sei er verzweifelt gewesen, als ihm die Ärzte im Alter von 35 Jahren erklärten, er werde erblinden. Für ihn als passionierten Sportler, Ski- und Motorradfahrer kam diese Horrormeldung einem Aus des bisher geführten Lebens gleich. „Ich dachte mir damals, wenn ich nichts mehr sehe, dann kann ich ja gar nichts mehr machen." Es wäre nicht der Angerbauer, hätte er tatsächlich aufgegeben. Mit Unterstützung der Familie und Freunde stellte er sich auf die neue Situation ein und tat, was er auch schon früher gerne gemacht hatte. Zum Beispiel Skifahren. Nein, nicht nur auf kleinen Hügelchen rund um Weßling. „Wir fuhren in die Berge und probten so lange, bis es klappte." Wir, dazu gehörte unter anderem Jimmy Schneider. „Er fuhr vorne weg und gab mir lauthals Anweisungen", erinnert sich Angerbauer (Foto beim Skifahren in Davos).

Gut, ohne gelegentlich Stürze und unfreiwillige Zusammentreffen mit anderen Skifahrern sei es nicht abgegangen, räumt Angerbauer ein. „Aber wer hinfällt, kann auch aufstehen."

Kein Problem sei es für ihn gewesen, weiterhin Musik zu machen, eine Band zu gründen und in die Politik zu gehen. „Es hat auch Vorteile, wenn man nicht alles sehen kann", frotzelt er gerne. Insbesondere bleibe ihm erspart, täglich im Spiegel zu sehen, älter zu werden. Da mögen die Freunde auch noch so sehr lästern, „ich bleibe für immer jung". Bisher gab es wenig Leerlauf im Leben von Angerbauer. War er nicht für die Musik oder die Politik unterwegs, engagierte er sich als Inklusionsbeauftragte der Gemeinde Weßling. „Bis dass uns der Virus heimsuchte, war ich fast täglich unterwegs, auch abends, bis auf Sonntag vielleicht." Doch seit dem 15. März 2020 sei alles anders. „Alleine gehe ich nicht mehr raus. Ich kenne zwar alle Geschäfte und mein Umfeld hier und weiß auch, wie ich hinkomme. Aber ich sehe nicht, wie lange die Schlange vor den Geschäften ist, inwieweit ich Abstand halten muss und ob ich das Geschäft überhaupt betreten darf, weil nur zwei Kunden zugelassen sind. Innerhalb der Läden wären Zusammenstöße mit anderen Kunden vorhersehbar." Hinzu kommt, dass derzeit auf den Straßen weit

weniger Menschen unterwegs sind als üblich, die er fragen könnte, stünde er vor einer Barriere, sagt Angerbauer. „Ich wäre verloren."
Umstellen musste er sich in Zeiten von Home-Office außerdem auf die rein digitale Zusammenarbeit, unter anderem innerhalb des Gemeinderats, dem er seit Jahren angehört. „Die Telefonkonferenzen sind zwar etwas ungewohnt, es funktioniert aber mittlerweile ganz gut. Man lernt auch im Alter noch dazu." Wo ein Schaden ist meist auch ein Nutzen, weiß Weßlings Bluesbarde, der in „Normalzeiten" auch den Nachwuchs im Gitarrenspiel unterrichtet. „Mir bleibt jetzt viel Zeit, mein Equipment auf Vordermann zu bringen und Musik nur für mich zu machen. Außerdem werde ich neue Songs zu komponieren und mir überlegen, was es sonst noch zu tun gibt."

Mehr zu Claus Angerbauer unter www.clausangerbauer.de

A bißerl Hollywood am Ammersee

Dass die Ammersee-Gemeinde Inning einmal Zentrum cineastischen Schaffens war, verdankt sie Hubert Schonger. Bei vielen längst vergessen, nicht jedoch seine Märchenfilme, die auch heute noch im Fernsehen gezeigt werden. Schonger war schon in jungen Jahren ein begeisterter Film- und Naturfreund. Da blieb es nicht aus, diesen Weg auch beruflich einzuschlagen. Er studierte zwar erst noch das Ingenieurwesen, doch schon 1923 ließ er beim Amtsgericht Berlin ein eigenes Unternehmen eintragen. Unter dem Firmennamen „Naturfilm Hubert Schonger" drehte der passionierte Regisseur, Autor und Produzent dann bis zu seinem Tode im Jahr 1978 eine wahre Flut an mehr oder weniger bekannten Streifen. Darunter auch naturkundliche und erdkundliche Filme für Lehrzwecke, Heimat-, Berg- und Märchenfilme. Schon bald baute sich der gebürtige Schwabe, geboren wurde er am 19. Oktober 1897 in Dillingen, in Inning eine Dependance zu Berlin auf. In seinen Erinnerungen zum 25-Jährigen Firmenjubiläum schreibt Schonger: „In Inning am Ammersee kaufte ich ein großes altes Bauernhaus mit einem Garten, durch den ein Bach fließt. Dort züchtete ich Bienen und war im Begriff, ein ländlicher Philosoph

zu werden…". Daraus wurde nichts. Durch den Krieg gingen die Berliner Produktionsanlagen verloren. Einzig ein großer Teil des Filmbestandes konnte gerettet werden. „Gerettet war aber auch die alte Energie und Tatkraft", so Schonger (Foto). Er krempelte die Ärmel hoch und fing mit einem kleinen Team an Mitstreitern in Inning wieder von vorne an. Hinter seinem Wohnhaus baute er einen Schuppen, den er stolz „Atelier" nannte (Illustration). In den einstigen Stallungen und Scheunen wurden der Schneide- und Vorführraum untergebracht. Schon bald entstand im Dachboden des Hauses ein zweites Atelier und bereits 1953 fing Hubert Schonger an, das Inninger Filmgelände mit ordentlichen Studios auszustatten. Noch heute erinnern dort einige Gebäude, unter anderem die Squashhalle, an jene ruhmvolle Zeit. Als Schauspieler standen bei Schonger-Film unter anderem Beppo Brehm sowie

Ludwig Schmitt-Wildy, Gunnar Möller und Hans Clarin unter Vertrag. Doch auch so manch' Inninger Charakterkopf kam als Komparse zum Einsatz. Der wohl berühmteste war der junge Toni Mang, der später als Motorrad-Rennfahrer selbst zu Weltruhm gelangte. Unter anderem durfte er im Grimm-Märchen „Die Bremer Stadtmusikanten" den Gockel spielen. Hubert Schonger hatte sich aber auch außerhalb der filmischen Scheinwelt engagiert. Er gehörte um 1950 herum mit zu den Initiatoren des Pestalozzi-Hofes. Eine Einrichtung der Jugendpflege des Landkreises Starnberg in Kempfenhausen. Heimatlose Buben im Alter von 14 bis 18 Jahren sollten im Geiste Pestalozzis eine „gute erzieherische und fachliche Ausbildung" erhalten. „Das Unternehmen war von Anfang an als Hilfe zur Selbsthilfe konzipiert", schrieb Heimatforscher und Buchautor Robert

Volkmann. „Und dies in einer Zeit, die nach der gigantischen Verführung des Dritten Reiches nicht gerade von pädagogischem Optimismus geprägt war." Dass Schonger nach den Erfahrungen im Nationalsozialismus nicht aufhörte, an das Gute im Menschen zu glauben, demonstrierte er anlässlich der Festschrift zum Firmenjubiläum: Eine von ihm gefertigte Zeichnung zeigt einen strahlenden Kasperl, der dem aus dem Propagandaministerium herausschauenden Goebbelsteufel eine lange Nase dreht. Nach Schongers Tod im Jahr 1978 wurden sowohl die Jugendeinrichtung wie auch das Filmstudio aufgelöst. Heute erinnern in Inning nur noch die „Film- und die Atelierstraße" an „a bißerl Hollywood am Ammersee".

Bildhauer aus Leidenschaft lebt für die große Kunst

„Ich will große Kunst zeigen", sagt Horst Wendland. Geboren 1964 in München und aufgewachsen in Münsing am Starnberger See. Dort startete der umtriebige Bildhauer schon als Jugendlicher seine künstlerische Karriere. „Ich wollte nie einen so genannten anständigen Beruf lernen. Ich wusste schon als Kind, dass ich einmal Künstler werden will." Der Kindheitstraum

ging in Erfüllung. Wobei der 56Jährige diverse Schaffens-Stationen durchlaufen hat. Bevor es mit der Bildhauerei so richtig anging, machte er sich einen Namen als Karikaturist für Zeitungen und Magazine im europäischen Raum. Erschienen sind außerdem im Tomus-Verlag Kinderbücher mit seinen Illustrationen sowie Bücher mit Karikaturen. Mittlerweile hat der umtriebige Künstler seinen Fokus ganz auf die Bildhauerei gelegt. Seit neun Jahren wohnt er in Frickenhausen bei Memmingen, wo ihm auch ein geräumiges Atelier zur Verfügung steht. Materialien, mit denen er arbeitet sind Eisen, Bronze und Holz. Seine Werke sind gefragt, nicht nur im Haus der Kunst, im Ägyptischen Museum, im Schloss Nymphenburg, in der Galerie Bencovic in Spanien sowie in der Galerie Celsius Luxemburg, um nur einige Stationen zu nennen. Nebenher ist er als Dozent an verschiedenen Kunstschulen sowie an der Mittelschule Mindelheim tätig. Wendland war es auch, der trotz der Corona-Pandemie Ende Juli neun Künstler zum Allgäuer Skulpturen-Sommer eingeladen hat. Für den kleinen Ort Frickenhausen ein besonderes Highlight. Unter anderem titelte eine Zeitung: „Mammutprojekt im kleinen Dorf – luftig und fragil wirken die Eisenwerke von Horst Wendland." Unterstützung fand Wendland nicht nur in der Bevölkerung und der teilnehmenden Künstler aus ganz Oberbayern, sondern auch bei Bürgermeister Rainer Rössle, der eigens für den Skulpturenweg eine Straße sperren ließ. Insgesamt waren rund 300 Werke zu sehen. Darunter auch Wendlands „Mythenschiff" (Foto), mit Figuren angelehnt an die griechische Mythologie.

Und was macht Horst Wendland privat? „Wenn es zeitlich irgendwie ausgeht, gehe ich Surfen an den Wörthsee. Bei dem schönen Wetter, das wir heuer ja hatten, war dies sehr oft möglich."

Im Internet ist Wendland unter www.wendlandkunst.de.

Gauting einst Ziel kurbedürftiger Menschen

Nicht viel hat gefehlt, und Gauting wäre heute ein berühmter Badekurort. Die Voraussetzungen waren gegeben. Vor rund 160 Jahren nämlich setzte mit Bau der Eisenbahn in der Würmtal-Gemeinde ein riesiger Aufschwung ein. Die Bahnstation Gauting wurde am 28. November 1854, dem Geburtstag von König Max II., eröffnet. Brauchte man früher für die 16 Kilometer von München bis Gauting vier volle Stunden, waren es nunmehr nur noch 45 Minuten. Was zu einer wahren Völkerwanderung gen Gauting führte. „Die Vermehrung der Einwohner, insbesondere der Zuzug Fremder, und der immer häufiger werdende Hausbesitzerwechsel bedingte eine genaue Festlegung der Gemeinderechte und -pflichten" schreibt Wolfgang Krämer in der 1949 erschienenen Dorfchronik. Im Herbst 1861 beschließt die Gemeinde, dass sich die Zahl der Gemeinderecht weder vermehren noch vermindern darf, dass auf ein Gemeinderecht nur jene Anspruch haben, welche sich durch Kauf oder Verehelichung auf einem mit einem ganzen oder halben Gemeinderecht bedachten Anwesen niederlassen. Alle übrigen Bewohner, gleich, auf welche Weise sie sich in Gauting niederlassen, „können nicht als wirkliche Gemeindemitglieder angesehen werden und haben keinen Anspruch auf Gemeinderechte".

So sollte erreicht werden, dass der Ort den dörflichen Charakter behalte. Fast wäre es schief gegangen und das reine Bauerndorf wäre zu einem gefragten Badekurort geworden. Die Idee dazu hatte der Münchner Steinmetzmeister Ignaz Lallinger, der etwas außerhalb des Ortes inmitten eines großen Parks ein Grundstück mit einem dreistöckigen Haus besaß. Beherbergt wurden dort Sommerfrischler, die auf Erholung aus waren. Als man nun im Jahre

1872 einen Brunnen für die Trinkwassergewinnung grub, fiel auf, dass es stark nach Schwefelwasserstoff roch. Lallinger ließ sofort an der Uni München eine Wasserprobe analysieren. Diese ergab nach eingehender Prüfung, dass es sich um reines, weiches, erdig alkalisches Schwefelwasser von zehn Grad Celsius Temperatur handle. Die Experten waren überzeugt, es handle sich um „das reinste unter allen kalten Schwefelwassern des Deutschen Reiches".

Die positiven Ergebnisse veranlassten nun Lallinger, sein Anwesen als Trink- und Badeanstalt einzurichten. Die so genannte „Elfriedenquelle" war schon bald über die Landkreisgrenzen hinaus bekannt. Hatte sich doch schnell herumgesprochen, dass insbesondere Krankheiten des Blutes, der inneren Organe,  des Schleimgewebes, der äußeren Haut, des Nervensystems sowie Blei- und Quecksilbervergiftungen teils geheilt, teils wesentlich gebessert werden konnten. Lallinger erweiterte und machte nun aus der Trink- und Badeanstalt eine Heilanstalt mit Restauration. Aus einem Kurprospekt von 1900 geht hervor, dass das neue dreistöckige Gebäude 30 Fremdenzimmer plus Speisesaal, Musik- und Lesezimmer sowie eine Bücherei hatte. Behandelt wurden Blutarmut, rheumatische Leiden, Neuralgien und Asthma.

Kurbetrieb war von Mai bis Oktober. Der Pensionspreis betrug seinerzeit sechs bis acht Mark täglich plus ein bis zwei Mark für die ärztliche Behandlung. Im Jahr 1905 jedoch wurde der Kurbetrieb eingestellt und die Anlage verpachtet. Gründe für die Aufgabe dieses scheinbar erfolgreichen Konzeptes sind nicht bekannt.

Den Wandel in der Landwirtschaft vorhergesagt

Der umtriebige Helmut Wagner (77) aus dem Starnberger Ortsteil Hadorf ist unter anderem dafür bekannt, dass er stets neue Ideen auf dem Schirm hat. Um 1976 herum war der passionierte Landwirt als Kreisobmann für den bayerischen Bauernverband unterwegs und da lag es ihm am Herzen, den Menschen vorzuführen, was ein Bauer so leistet. „Das geht nur, wenn man ein anschauliches Beispiel präsentiert", sagte sich damals 33Jährige Hadorfer. Kurzerhand stellte auf seinem Hof anlässlich des Erntedank-Festes einen langen Tisch mit 50 Plätzen auf und lud dazu auch 50 Menschen ein. Ein gefundenes Fressen für die regionale wie überregionale Presse. Unter anderem war da im Herbst 1976 zu lesen:

„Zu einem außergewöhnlichen Erntedank"...
hatte ein Bauer seine Mitbürger in Hadorf (Kreis Starnberg) geladen. Als Kreisobmann des bayerischen Bauernverbandes machte Helmut Wagner auf

eine besondere Weise deutlich, dass heute ein Bauer 50 Mitbürger ernährt und durch seine Arbeit nicht nur die Versorgung der Bevölkerung sichert, sondern auch für sie die Kulturlandschaft erhält.

An seinem gut gedeckten Tisch erinnerte er aber auch daran, dass die Zahl derjenigen Länder ständig steigt, die ihre Bevölkerung aus eigener Produktion nicht mehr ernähren können und für die deshalb ein Dank an die Ernte aus dem eigenen Land ein Wunschtraum bleibt, weil dort eben ein Bauer kaum sich selbst, keinesfalls aber 50 seiner Mitbürger ernähren kann."

Laut Bayerischem Bauernverband ernährt heute ein Landwirt durch seine Arbeit rund 150 Personen. 1950 waren es übrigens nur zehn Personen, die ernährt werden mussten.

Wunschbox:
Mehr Rücksicht auf ältere Menschen und Kleinkinder

Gibt es eine Idee, wie man Kindern und Jugendlichen beibringen könnte, zur eigenen Sicherheit Verkehrsregeln zu beachten und Rücksicht auf andere Verkehrsteilnehmer zu nehmen? Es gibt eine Möglichkeit. Eltern und Erwachsene generell müssten – so wie es früher einmal der Fall war - Vorbild für den Nachwuchs sein. Sind sie aber oft nicht, wie diverse Studien belegen. Beobachten wir doch einmal das Verhalten vieler erwachsener Radfahrer in einer Fußgängerzone. Da steht beispielsweise zu lesen „Radfahren verboten!" Weil Fußgänger allgemein von so genannten Verkehrsrowdys ignoriert werden, sollte ein Ort da sein, wo man noch ungeniert mit Kindern und Vierbeinern flanieren beziehungsweise bei einer Tasse Kaffee den Nachwuchs auch mal freilaufen lassen kann. So die Idee von Verkehrsplanern und Gesetzesgebern. Geht aber nicht, weil es eben Radfahrer gibt, die auch vor älteren Menschen und Kleinkindern nicht Halt machen. Jetzt frag ich mich, können Erwachsene in der heutigen Zeit nicht mehr lesen oder respektieren sie schlichtweg keine Vorschriften? Eigenartig dabei ist, dass selbst Gemeinderäte, die in den jeweiligen Sitzungen explizit für eine Fußgängerzone plädierten, diese dann als Abkürzung und als Rennstrecke nutzen. Ganz nach dem Motto, „freie Fahrt, jetzt komm' ich." Schlimmer noch… weil sich Erwachsene wie Kinder heutzutage ohne Handy in der Hand nackt und verlassen fühlen, wird die autofreie Rennstrecke quer durch die Fußgängerzone auch gleich noch genutzt, radfahrend wichtige Anrufe zu erledigen.
So, das musste mal gesagt werden. Und jetzt lassen wir Andreas Ruch, Vize-Chef der Polizeiinspektion Germering zu Wort kommen.

„Wir werden ja sehr oft angerufen und gefragt, warum wir nicht mehr Kontrollen durchführen. Wir können aber nicht täglich kontrollieren, ob sich Verkehrsteilnehmer richtig verhalten. Das gilt auch für rücksichtslose Auto- und Motorradfahrer. In der Gilchinger Fußgängerzone gab es bereits mehrere Kontrollen, bei denen ich selbst dabei war. Es waren etliche Radfahrer, die wir stoppen und auf ihr Fehlverhalten aufmerksam machen mussten. Leider gab es nur wenige, die einsichtig waren und versprochen hatten, künftig die angrenzenden Straßen zu benutzen. Es gab auch einige, die uns regelrecht beschimpften. Eines aber muss dennoch gesagt werden. Die Mehrheit der Radfahrer verhält sich vorbildlich. Leider sind es halt die Rowdys die auffallen und die erreicht man auch nicht mit freundlicher Ermahnung. Da bleibt dann nur, auch mal ein Bußgeld anzuordnen."

Die Brücklmeier Musi – Adventskonzerte für guten Zweck

Volksmusik – altmodisch und langweilig? Von wegen. Fast scheint es so, dass die Volksmusik in Bayern einen erfreulichen Aufschwung genommen hat. Der „Hoagartn" wurde längst wiederentdeckt und ist heute trotz Streaming und elektronischer Komponisten nach wie vor

beliebter Treffpunkt von Sängern und Musikanten – nicht nur der älteren Generationen. Mag die Initialzündung auf die Well-Brüder oder auf Hubert von Goisern, der die alpenländische Volksmusik mit rockigen Einflüssen salonfähig machte, zurück zu führen sein. Feststeht, Menschen haben verstärkt Spaß daran, sich zu treffen und auch gemeinsam zu musizieren. „Ich denke, dass das steigende Interesse an Volksmusik unter anderem darauf zurück zu führen ist, dass speziell die Jugend nach einer Identität sucht und sich wieder mit Fragen, wie „wer bin ich" und „wo komm' ich her", auseinandersetzt. Nur auf dem Handy herum zu wischen, wird auf Dauer langweilig", vermutet Oliver Kübrich, Spielleiter im Rossstall-Theater in Germering. Auch wenn persönliche Treffen und öffentliche Konzerte angesichts der Corona-Pandemie schwieriger geworden sind, die Volksmusik wird, wie jede Form kulturellen Engagements diesen Virus überleben, ist Kübrich überzeugt.

„Ein Leben ohne Musik könnten wir uns gar nicht vorstellen", erzählt da Claudia Serak von der Münchner „Brücklmeier Musi". „Uns gibt's seit 1986. Damals waren wir zu Dritt, die Christine, die Brigitte und ich. Angefangen haben wir erst einmal mit der Stubnmusi. Einfach so, ausm Spaß an der Freud'". Kurz vor der Jahrtausendwende gab es einen Wechsel und auch eine Erweiterung der Gruppe auf fünf Musikanten. „Heute spielen wir aufm Hoagartn, bei Geburtstagsfeiern, Kulturtagen und überall da, wo wir eingeladen werden und wo es Freude macht, gemeinsam zu musizieren." Jährlicher Höhepunkt aber sei das Adventsingen in der alten „St. Martinskirche" in Moosach. „Wir spielen seit nunmehr 26 Jahren für einen guten Zweck. Die letzten vier Jahre gingen die Spenden an den Verein Kinderinsel in Gilching. Da wussten wir, dass mit dem Geld wichtige Maßnahmen für schwer kranke Kinder finanziert wurden, die wir auch persönlich kennen lernen durften. Was kann es Schöneres geben, als a richtig bodenständige, boarische Musi, die zudem dazu beiträgt, dass in Not geratenen Kindern und Familien in der Heimat geholfen wird." **Zum Foto „Brücklmeier Musi" von links: Claudia und Stefan Serak, Christine Baumann, Uschi John sowie Toni Jahn.**

Ein herzliches Dankeschön der „Brücklmeier Musi", stellvertretend für viele Menschen und Organisationen, die sich in den letzten Jahren für den Verein Kinderinsel in verschiedener Weise engagiert haben. So konnten wir immer wieder finanzielle Unterstützung für wichtige Anschaffungen, Behandlungen und die Betreuung schwer kranke Kinder und deren Familien leisten.
Uli Singer – Vorsitzende der Kinderinsel mit Sitz in Gilching.
Das Spendenkonto des Vereins – www.unsere-kinderinsel.de - lautet:
DE 72 7016 3370 0003 221318 BIC: GENODEF 1 FFB.

Ohne Boot nix los….

Und zum Schluss noch ein sakrisches Dankeschön an Schorsch Wenzel, Fischermeister, viermaliger Fischerstechen-König und Bootsverleiher in Starnberg. Er stellte für unsere Fotos sein historisches Ruderboot „Schorschi" zur Verfügung. Weil es bei den Aufnahmen ziemlich lustig herging, ließ es sich Landrat Stefan Frey außerdem nicht nehmen, mit ins Boot zu steigen. So haben zu guter Letzt Jürgen Kirner und Ilse Aigner doch noch den dritten Mann mit ins Boot bekommen.

NEU IM BUCHHANDEL!

Uli Singer und Wolfgang Prochaska

Sex, Drugs and Wurschtsalat

"Erinnerungen an Tiger-Willi"

HERZLICH WILLKOMMEN IM MIDGARDHAUS – AUGUSTINER AM SEE!

NACH DER VOLLSTÄNDIGEN RENOVIERUNG EMPFANGEN WIE SIE IM STILVOLLEM AMBIENTE DES NEUEN MIDGARDHAUS.

ERLEBEN SIE UNSERE BAYERISCH-MEDITERRANE KÜCHE AUS VORWIEGEND LOKALER HERKUNFT.

GENIESSEN SIE AUF UNSERER SONNENTERASSE DAS WAHRHAFT SCHÖNSTE PANORAMA - DIREKT AM STARNBERGER SEEUFER.

WEITERE INFORMATIONEN RUND UM DAS MIDGARDHAUS, DIE SPEISEKARTE SOWIE DIE RESERVIERUNGSMÖGLICHKEITEN FINDEN SIE UNTER WWW.MIDGARDHAUS.DE
MIDGARDHAUS - AUGUSTINER AM SEE / MIDGARDSTRASSE 3-5 / 82327 TUTZING / INFO@MIDGARDHAUS.DE / 08158-1218

**Ihre Ziele kennen nur Sie -
den richtigen Weg dorthin kennen wir !**

Wir sind für Sie da

Hauptstelle:
Römerstrasse 30
82205 Gilching
Tel. 08105 387-0
Fax 08105 387-219

www.raiba-gilching.de

Zweigstelle:
Landsberger Strasse 38
82205 Gilching
Tel. 08105 387-195
Fax 08105 387-289

Unsere Schalteröffnungszeiten
Montag bis Mittwoch 08:00 bis 12:30 Uhr
                     14:00 bis 16:30 Uhr
Donnerstag   08:00 bis 12:30 Uhr
                     14:00 bis 18:00 Uhr
Freitag   08:00 bis 12:30 Uhr
                     14:00 bis 16:00 Uhr

Beratungstermine vereinbaren wir mit Ihnen auch gerne außerhalb unserer Öffnungszeiten

Raiffeisenbank Gilching eG

Milch - Käse und Ziegenspezialitäten

Wir freuen uns auf Ihren Besuch!
Hofladen Scheitz • Tannhof 1 • 82346 Andechs
Tel. 08152 / 89 61 • Fax 08152 / 52 05
<u>Unsere Öffnungszeiten:</u>
Mi - Fr 9.^{00} - 18.^{00} Uhr • Di + Sa 9.^{00} - 12.^{30} Uhr